房地产开发企业
税务风险管理

孙彦民　高丽霞◎编著

中国铁道出版社有限公司

CHINA RAILWAY PUBLISHING HOUSE CO., LTD.

内 容 简 介

房地产开发企业具有经营周期长、税收负担重、涉及税种多、税收文件多、政策口径不确定等特点。随着营改增的全面推开，以及金税三期大数据管控时代的来临，税务风险管理成为房地产开发企业的税务管理重点。

为帮助房地产开发企业更好地应对营改增后的涉税风险，并在风险管理的基础上，充分享受营改增所带来的政策红利。本书紧扣营改增核心关键点，以项目管理为主线，深入剖析了营改增后政策执行中的焦点问题、难点问题、热点问题，并从税务检查常见问题、金税三期的风险评估以及发票管理三个维度全面阐述了企业面临的税务风险和应对措施。同时重点剖析了各环节涉及的主要税种，其中包括增值税、企业所得税、土地增值税、契税、城镇土地使用税、印花税等，并对不同税际在营改增后的差异和协调进行了分析。

本书观念新，时效性强，所引用政策文件截至日期为2018年5月1日。

本书适合对房地产行业具有一定了解基础的人员阅读，如房地产开发企业的管理者、财务总监、税务总监、税务专员；税务机关工作人员；税务、会计、法律等涉税服务中介机构从事涉税服务的专业人士等。

图书在版编目（CIP）数据

房地产开发企业税务风险管理/孙彦民，高丽霞编著.—北京：中国铁道出版社有限公司，2018.9（2019.12重印）
ISBN 978-7-113-24735-5

Ⅰ.①房⋯ Ⅱ.①孙⋯ ②高⋯ Ⅲ.①房地产企业—税收管理—风险管理—中国 Ⅳ.①F812.423

中国版本图书馆CIP数据核字（2018）第156869号

书　　名：房地产开发企业税务风险管理	
作　　者：孙彦民　高丽霞　编著	
策　　划：王　佩	读者热线电话：010-63560056
责任编辑：王　佩	
责任印制：赵星辰	封面设计：仙境

出版发行：中国铁道出版社有限公司（100054，北京市西城区右安门西街8号）
印　　刷：三河市兴达印务有限公司
版　　次：2018年9月第1版　2019年12月第4次印刷
开　　本：700mm×1 000mm　1/16　印张：13.25　字数：196千
书　　号：ISBN 978-7-113-24735-5
定　　价：49.00元

前　言

　　2016年5月1日，营改增试点工作全面推行，试点范围扩大到房地产业、建筑业、金融业和生活服务业。在经历了磨合期的考验后，房地产开发企业如何应对新的挑战，做好风险防范，并切实把握政策红利所带来的机遇，是企业面临的新课题。

　　房地产行业具有鲜明的行业特点，产业链条长，涉及税种多，涉税金额大，控管难度大，涉税风险高，而且一直是税务机关重点关注的行业，也是国民经济的重要行业。而营改增在实施过程中又出现了许多新问题、新情况，进一步加大了房地产企业的涉税风险。

　　因此，如何有效地降低房地产开发企业的涉税风险，规范房地产开发企业的项目税收管理水平，并充分享受营改增改革所带来的政策红利，成为编写本书的目的。

　　因受作者水平和成书时间所限，本书难免存有疏漏和不当之处，敬请指正。

本书特色

1. 紧扣营改增核心关键点

　　营改增是一项系统工程，牵一发而动全身。本书从浩瀚复杂的营改增政策中，梳理出影响房地产行业的关键政策点，针对营改增政策执行过程中的难点和痛点，进行深入剖析，使房地产开发企业能够快速把握政策要点，不仅知其然，而且知其所以然，在管控风险的基础上，充分享受营改增带来的政策红利。

2. 以项目管理为主线

　　房地产开发企业基本上一个项目成立一个公司，项目管理成为房地产开发企业的重中之重。营改增后，税务机关针对房地产开发企业的日常管理和风控体系的建立，也是依托金税三期系统，以"项目管理"为基础设计的。针对这种变化，本书以项目管理为主线，按照房地产项目运作流程进行编写，包括土地取得、开发建设、预售、竣工销售、项目清算等环节以及项目管理涉及的融资、发票管理、会计核算等事项，将各环节涉及的增值税、企业所得税、土地增值税、契税等主要税种全部纳入本书编写范围，并对营改增后不同税际之间的差异和协调进行了分析，涵盖涉税政策、管理环节、发票管理、风险评估等管理要素。

3．突出风险管理和应对

房地产行业 10 余年来一直是税务机关的检查重点，税务风险成为高悬企业头顶的达摩克利斯之剑。本书从三个维度阐述了房地产开发企业可能面临的税务风险，以帮助企业防患于未然。一是结合多年来税务检查的重点，提炼出各环节的涉税风险点，企业可以针对这些风险点做好纳税自查和应对工作；二是结合金税三期针对房地产企业的风险评估重点，进行风险提示；三是在营改增后，我国以票控税的监管思路更为清晰，金税三期基于大数据的智能化信息控税更为先进高效，发票违规，不仅面临行政处罚风险，而且还会被追究刑事责任。本书梳理了发票管理中可能面临的各种风险，并给出了有针对性的应对措施。

4．树立准确纳税的思维

管理风险不是目的，从风险中发现机会，帮助企业更好地实现战略目标，才是税务管理的应有之义。营改增为房地产开发企业减税降负开启了红利之门。好的税务管理就是要实现既不少交税，也不多交税，即准确纳税。本书结合营改增新政和实务，为房地产开发企业准确纳税、合法合规规划税务提出了一些建议和思路。

本书内容及体系结构

本书一共 9 章，分为两大部分。

第一部分（第 1～6 章），按照房地产项目运作流程进行编写，包括土地取得环节、开发建设环节、预售环节、竣工销售环节、项目清算环节、自持租赁环节。针对各环节涉及的增值税、企业所得税、土地增值税、契税等主要税种，在营改增后实务中的难点和痛点，进行了深入剖析和政策解读，并通过案例讲解方式，帮助读者更好地理解政策。

第二部分（第 7～9 章），主要讲解了房地产开发企业在融资、发票管理中可能遇到的风险以及应对措施。针对营改增后房地产开发企业的会计处理进行了详细解读，并通过案例予以呈现，加深读者的理解，这对会计人员准确理解账务处理流程特别有用。

本书读者对象

- 房地产开发企业的管理者、财务总监
- 房地产开发企业的税务总监、税务专员
- 希望提升税务管理能力的会计人员
- 税务机关工作人员
- 税务、会计、律师事务所等涉税中介服务机构以及从事房地产行业税务服务的专业人士
- 其他对房地产行业税务管理有兴趣的人员

目　　录

第 1 章　土地取得环节 1

1.1　营改增下的差额征收 2

　　1.1.1　差额征收的含义 3

　　1.1.2　营改增后允许差额征收的项目 3

　　1.1.3　可以开具增值税专用发票的情形 4

　　1.1.4　差额征税扣除凭证的类型 7

1.2　营改增对取得土地成本的影响和应对 8

　　1.2.1　土地价款差额扣税应满足的条件 8

　　1.2.2　拆迁补偿费应关注的风险 9

　　1.2.3　母公司（或联合体）拿地的风险和应对 11

　　1.2.4　"一次拿地、分次开发"土地价款扣除的税务处理 12

　　1.2.5　土地价款台账的建立 13

1.3　国有企业改制契税的税务处理 14

　　1.3.1　国有企业改制免征契税 15

　　1.3.2　国家作价出资（入股）应缴纳契税 15

1.4　母公司以土地使用权向子公司增资是否免征契税 17

1.5　市政建设配套费是否缴纳契税 18

1.6　城镇土地使用税纳税义务发生时间 19

1.7　企业风险诊断自查重点 20

1.8　税务机关风险评估比对重点 21

第 2 章　开发建设环节 23

2.1　成本构成及可抵扣事项 24

　　2.1.1　前期工程费 25

2.1.2 基础设施建设费 ………………………………………… 27

2.1.3 公共配套设施费 ………………………………………… 28

2.1.4 建筑安装工程费 ………………………………………… 29

2.1.5 开发间接费 …………………………………………… 29

2.2 营改增后不能抵扣进项税额的事项 …………………………… 30

2.2.1 用于简易计税方法计税项目、免征增值税项目 …… 30

2.2.2 用于集体福利或者个人消费 ……………………… 32

2.2.3 非正常损失的购进货物以及相关的劳务和交通运输服务 …… 32

2.2.4 非正常损失的不动产、不动产在建工程，以及该不动产、
不动产在建工程所耗用的购进货物、设计服务和建筑服务 …… 33

2.2.5 购进的贷款服务、餐饮服务和娱乐服务 …………… 33

2.3 固定资产、无形资产、不动产进项税额不能抵扣的特殊处理原则 …… 34

2.4 取得不动产、不动产在建工程分期抵扣的税务处理 …………… 35

2.5 购进建筑服务选择简易计税还是一般计税 …………………… 38

2.5.1 建筑服务征税范围 ………………………………… 38

2.5.2 建筑服务可以选择适用简易计税的三种情形 ……… 39

2.5.3 建筑服务必须适用简易计税的一种情形 …………… 41

2.5.4 采购建筑服务选择哪种方式更有利 ………………… 42

2.6 扣押建筑企业的质押金、保证金的税务处理 ………………… 45

2.7 购进商品或服务选择小规模纳税人还是一般纳税人 ………… 47

2.8 支付境外设计费须代扣代缴增值税 …………………………… 49

2.8.1 支付境外设计费符合征收增值税的四个条件 ……… 49

2.8.2 如何代扣代缴增值税 ……………………………… 50

2.9 支付境外设计费是否缴纳企业所得税 ………………………… 52

2.9.1 居民和非居民的定义 ……………………………… 52

2.9.2 对非居民征收企业所得税的判定原则 ……………… 53

2.9.3 对境外设计服务如何判定特许权使用费和劳务所得 …… 53

2.9.4 对非居民企业所得税扣缴义务人的规定 …………… 54

2.10　各种合同约定税款负担方式下如何计算应扣缴的税款 ……………… 55

2.11　营改增后开发建设环节应关注的税务风险 …………………………… 58

　　2.11.1　虚开建安发票，加大建安成本 ………………………… 59

　　2.11.2　虚构甲供材料，加大建安成本 ………………………… 60

　　2.11.3　虚购绿化苗木，加大开发成本 ………………………… 61

2.12　企业风险诊断自查重点 ………………………………………………… 61

2.13　税务机关风险评估比对重点 …………………………………………… 62

第3章　预售环节 ……………………………………………………………… 63

3.1　纳税义务发生时间判定原则 …………………………………………… 64

　　3.1.1　增值税纳税义务发生时间判定原则和顺序 …………… 64

　　3.1.2　以交房时点作为判定原则的理由 ………………………… 65

3.2　预缴增值税的税务处理 ………………………………………………… 67

　　3.2.1　一般纳税人预缴税款 ……………………………………… 67

　　3.2.2　小规模纳税人预缴税款 …………………………………… 67

　　3.2.3　预缴税款抵减应按税额的时间节点 ……………………… 68

3.3　诚意金、认筹金、订金的税务处理 …………………………………… 68

3.4　定金的税务处理 ………………………………………………………… 69

3.5　营改增对土地增值税计税依据的影响 ………………………………… 69

3.6　营改增对企业所得税计税依据的影响 ………………………………… 71

3.7　增值税、土地增值税、企业所得税预售收入确认原则对比 ………… 73

3.8　营改增对印花税的影响 ………………………………………………… 74

3.9　企业风险诊断自查重点 ………………………………………………… 75

3.10　税务机关风险评估比对重点 …………………………………………… 75

第4章　竣工销售环节 ………………………………………………………… 77

4.1　增值税应关注的重点 …………………………………………………… 78

　　4.1.1　价外费用 …………………………………………………… 78

　　4.1.2　免征增值税项目 …………………………………………… 80

4.1.3　不征增值税项目 80

4.2　完工年度企业所得税税务风险管理 80

4.2.1　完工标准 80

4.2.2　视同销售 82

4.2.3　完工产品计税毛利额差异调整 84

4.2.4　计税成本 84

4.2.5　成本费用的扣除 89

4.2.6　企业风险诊断自查重点 92

4.2.7　税务机关风险评估比对的重点 93

4.3　城镇土地使用税纳税义务截止 93

第 5 章　项目清算环节 95

5.1　土地增值税清算及税务风险管理 96

5.1.1　土地增值税清算条件 96

5.1.2　土地增值税清算手续办理时限 97

5.1.3　土地增值税清算应报送的材料 97

5.1.4　土地增值税清算单位 98

5.1.5　应税收入 99

5.1.6　扣除项目金额的分摊原则 100

5.1.7　扣除项目金额的一般规定 101

5.1.8　扣除项目金额的具体规定 102

5.1.9　房地产开发费用 104

5.1.10　清算补缴税款是否加收滞纳金 105

5.1.11　清算后再转让房地产的处理 105

5.1.12　企业风险诊断自查重点 106

5.1.13　税务机关风险评估比对的重点 110

5.2　企业所得税退税及税务风险管理 111

5.2.1　申请退税时间 111

5.2.2 多缴企业所得税款计算方法 112

5.2.3 需报送的资料 113

5.2.4 企业风险诊断自查重点 114

5.2.5 税务机关风险评估比对的重点 114

第 6 章 自持租赁环节 115

6.1 不动产经营租赁服务的增值税税务风险管理 116

6.1.1 提供不动产经营租赁服务的征税范围 117

6.1.2 一般纳税人出租不动产的计税方法和纳税地点 117

6.1.3 小规模纳税人出租不动产的计税方法和纳税地点 119

6.1.4 预缴税款的计算 119

6.1.5 预缴税款时间及抵减的税务处理 120

6.1.6 其他个人出租不动产 120

6.1.7 转租不动产的税务处理 121

6.1.8 企业风险诊断自查重点 121

6.1.9 税务机关风险评估比对的重点 121

6.2 营改增对自持租赁房产税的影响和税务风险管理 122

6.2.1 几种特殊情形纳税义务人的判定 122

6.2.2 确定征税对象时的两个特殊事项 123

6.2.3 如何确定房产原值 124

6.2.4 房产税纳税义务发生时间和纳税义务截止时间 126

第 7 章 融资环节 127

7.1 营改增对贷款利息的税务处理 128

7.2 统借统还业务的增值税处理 129

7.2.1 统借统还及两种类型 129

7.2.2 统借统还利息的税务处理 130

7.2.3 统借统还业务的免税备案 131

7.2.4 发债资金统借统贷业务的注意事项 131

7.3 支付的债券承销费能否抵扣进项税 131

7.4 统借统还业务的企业所得税处理 132

7.5 资管产品征收增值税对融资成本的影响 133

7.6 明股实债（混合性投资）的税务处理 133

7.6.1 明股实债的企业所得税处理 134

7.6.2 明股实债的增值税处理 137

7.6.3 明股实债对土地增值税的影响 138

第 8 章 发票管理环节 139

8.1 税务机关对增值税发票的管理措施 140

8.1.1 走逃（失联）企业的异常凭证 140

8.1.2 税收风险解析评估中发现的异常凭证 141

8.1.3 发票开具和纳税申报数据监控发现的异常凭证 141

8.1.4 非正常户的失控发票 142

8.1.5 稽核比对结果的异常凭证 142

8.1.6 房地产开发企业取得异常抵扣凭证的风险应对 143

8.2 房地产开发企业开具发票应注意的事项 144

8.2.1 预收售房款发票开具应注意的事项 144

8.2.2 销售自行开发的房地产项目发票开具应注意的事项 144

8.3 房地产开发企业取得发票应注意的事项 146

8.4 进项税额抵扣应注意抵扣期限的要求 146

8.5 办理勾选认证应注意的事项 147

8.5.1 传统认证和勾选认证 147

8.5.2 勾选认证的时间要求 148

8.6 逾期未认证增值税扣税凭证的处理 148

8.6.1 客观原因及应提交的情况说明 149

8.6.2 申请办理逾期抵扣时应报送的资料 150

8.7 发票作废、红字发票应注意的事项 150

8.7.1 增值税专用发票作废应注意的事项 150

8.7.2 开具增值税红字专用发票应注意的事项 151

8.7.3 普通发票作废和红字发票 152

8.8 避免虚开发票 152

8.8.1 虚开发票的类型 152

8.8.2 虚开发票的行政处罚 153

8.8.3 虚开发票的刑事责任 153

8.9 善意取得虚开发票 153

8.9.1 善意取得虚开发票的进项税额是否必须转出 154

8.9.2 善意取得虚开发票不征收滞纳金 155

8.9.3 善意取得虚开发票能否在企业所得税前扣除 155

第 9 章 会计核算 157

9.1 会计科目的设置及核算内容 158

9.1.1 应交税费下与增值税有关的二级科目设置 158

9.1.2 应交增值税下三级明细科目的设置 160

9.2 预收款方式销售自行开发 房地产项目的特殊处理 162

9.2.1 预缴增值税的会计核算 162

9.2.2 预缴增值税的纳税申报 162

9.2.3 不同项目间预缴税款的抵减情况 163

9.3 视同销售行为的会计处理 165

9.4 一般计税项目特殊业务的会计处理 166

9.4.1 土地价款抵减销售额的会计处理 166

9.4.2 因非正常损失需转出的进项税额的会计处理 167

9.4.3 支付境外设计费扣缴增值税的会计处理 167

9.4.4 土地返还款的会计处理 168

9.4.5 期末会计处理及报表列示 168

9.5 常见业务会计核算举例 170

9.5.1 一般计税模式下销售现房的会计核算 170

9.5.2 一般计税模式下销售期房的会计核算 171

9.5.3 简易计税模式下销售现房的会计核算 173

9.5.4 简易计税模式下销售期房的会计核算 174

9.5.5 一般计税模式下出租同地区房产的会计核算 175

9.5.6 一般计税模式下出租异地房产的会计核算 176

9.5.7 简易计税模式下出租同地区房产的会计核算 177

9.5.8 简易计税模式下出租异地房产的会计核算 177

第 10 章　税收筹划 179

10.1 树立新型税收筹划思维 180

10.2 收购方式的税收筹划 181

10.2.1 资产收购和股权收购 182

10.2.2 资产收购应关注的两个税收风险点 185

10.2.3 收购方式的选择 187

10.3 适度加大成本的税收筹划 192

10.4 争取享受税收优惠政策 195

第 1 章

土地取得环节

　　土地取得成本，是指房地产开发企业为取得土地开发使用权（或开发权）而发生的各项费用，主要包括土地买价或土地使用权出让金、大市政配套费、契税、耕地占用税、土地使用费、土地闲置费、土地变更用途和超面积补交的地价及相关税费、拆迁补偿支出、安置及动迁支出、回迁房建造支出、农作物补偿费、危房补偿费等。

　　土地取得方式主要有：以出让方式取得、国家作价出资（入股）、划拨、并购重组。土地使用权出让是指国家以土地所有者的身份将土地使用权在一定年限内出让与土地使用者，并由土地使用者向国家支付土地使用权出让金的行为。土地使用权出让可以采取协议、招标、拍卖、挂牌四种方式。国家作价出资（入股）是指国有企业在改制时，经省级以上人民政府批准实行授权经营或具有国家授权投资机构资格的企业，原划拨土地可采取国家作价出资（入股）的方式处理。以划拨方式取得土地使用权的，转让房地产时，应当按照国务院规定，报有批准权的人民政府审批。有批准权的人民政府准予转让的，应当由受让方办理土地使用权出让手续，并依照国家有关规定缴纳土地使用权出让金。并购重组取得土地的具体形式包括接受土地使用权出资、债权重组、收购股权等多种方式。

　　土地取得环节主要涉及增值税、耕地占用税、契税、城镇土地使用税、印花税。房地产开发企业在本环节税务管理中应重点关注以下事项：

　　1. 取得的土地价款凭证是否合法有效。凭证是否合法合规，直接影响后续环节增值税、土地增值税、企业所得税的扣除。房地产开发企业应结合取得土地的不同方式，认真做好规划，加强管理，确保土地取得成本的合法合规。

　　2. 契税、城镇土地使用税的计税依据和纳税义务发生时间。

1.1　营改增下的差额征收

2016年5月1日我国全面实施税收营改增，并将所有行业都纳入了增值税征税范围。

我国增值税采取的是"发票抵扣法"，即购货方扣税时必须持有标明外购货物和服务已付税的发票为证。实际征管中包括两类扣税凭证，一是增值税扣税凭证，包括增值税专用发票、海关进口增值税专用缴款书、农产品收购发票、农产品销售发票和完税凭证；二是增值税差额征税扣除凭证。

之所以存在差额征税扣除凭证，原因是实务中仍然存在无法通过抵扣机制避免重复征税的情形。税务机关为保证营改增改革的平稳过渡，引入了差额征税办法，以解决纳税人税收负担增加问题。

营改增后土地取得环节可以抵减销售额的项目包括支付的土地价款和拆迁补偿费，采取差额扣税方式进行抵减。

1.1.1 差额征收的含义

差额征收就是差额确定销售额。

对于适用一般计税方法（简易计税方法计税的房地产项目不能扣除）缴纳增值税的房地产项目，在确定销售额时可以扣除支付给政府部门的土地价款，以及拆迁补偿费。

例1-1：易瑾地产（一般纳税人）以出让方式取得一块土地，支付土地价款1亿元，项目可供销售总建筑面积为20 000平方米。2019年5月销售额1 000万元，销售面积600平方米。请问该公司7月增值税应税销售额计算如下：

解析：5月销售额计算如下：

当期允许扣除的土地价款=（当期销售房地产项目建筑面积÷房地产项目可供销售建筑面积）×支付的土地价款=（600÷20 000）×10 000=300（万元）

销售额=（全部价款和价外费用-当期允许扣除的土地价款）÷（1+9%）=（1 000-300）÷（1+9%）=642.20（万元）

1.1.2 营改增后允许差额征收的项目

营改增后，税收实务中有27种应税行为采用的是差额征收。需要注意的是，差额征收不等于差额开票。部分差额征收项目，可以全额开具增值税专用发票。部分差额征收项目，差额扣除部分可以开具增值税普通发票，其余部分则可以开具增值税专用发票。

房地产开发企业如果向采用差额征税方式的供应商采购服务，一定要注意供应商可以开具发票的类型，是全额开票还是差额开票，避免取得不合规发票。同时，能够开具增值税专用发票的，尽量取得增值税专用发票。

1.1.3　可以开具增值税专用发票的情形

1. 房地产开发企业中的一般纳税人销售自行开发的房地产项目适用一般计税方法的，以取得的全部价款和价外费用，扣除受让土地时向政府部门支付的土地价款后的余额为销售额。可以全额开具增值税专用发票。

2. 适用简易计税方法的销售不动产：以取得的全部价款和价外费用减去该项不动产购置原价或者取得不动产时作价后的余额为销售额，按照5%的征收率计算应纳税额。可以全额开具增值税专用发票。

3. 其他个人销售其取得非自建的不动产（不含其购买的住房）：应以取得的全部价款和价外费用减去该项不动产购置原价或者取得不动产时的作价后的余额为销售额。营改增后由地税机关继续受理纳税人销售其取得的不动产的申报缴税和代开增值税发票业务。

4. 适用简易计税方法的转让土地使用权：以取得的全部价款和价外费用减去取得该土地使用权的原价后的余额为销售额，按照5%的征收率计算缴纳增值税。差额扣除部分，即取得该土地使用权的原价，不得开具增值税专用发票，可以开具增值税普通发票；其余部分可以开具增值税专用发票。

5. 金融商品转让：按照卖出价扣除买入价后的余额为销售额。不得开具增值税专用发票。

例1-2：易瑾地产（一般纳税人）2019年3月购买万科地产股票100万元，2019年5月以120万元的价格卖出。请问该公司2019年5月应纳增值税如何计算？

解析：5月金融商品买卖应纳增值税计算如下：

应纳增值税=（120-100）÷（1+6%）×6%=1.13（万元）

6. 经纪代理服务：以取得的全部价款和价外费用，扣除向委托方收取并代为支付的政府性基金或者行政事业性收费后的余额为销售额。差额扣除部分，即向委托方收取的政府性基金或者行政事业性收费，不得开具增值税专用发票，可以开具增值税普通发票；其余部分可以开具增值税专用发票。

7. 人力资源外包服务：按照经纪代理服务缴纳增值税，其销售额不包括受客户单位委托代为向客户单位员工发放的工资和代理缴纳的社会保险、住房公积金。差额扣除部分，即向委托方收取并代为发放的工资和代理缴纳的社会保险、住房公积金，不得开具增值税专用发票，可以开具增值税普通发票；其余部分可以开具增值税专用发票。

8. 劳务派遣服务：以取得的全部价款和价外费用，扣除代用工单位支付给劳务派遣员工的工资、福利和为其办理社会保险及住房公积金后的余额为销售额，按照简易计税方法依5%的征收率计算缴纳增值税。差额扣除部分，即向用工单位收取用于支付给劳务派遣员工工资、福利和为其办理社会保险及住房公积金的费用，不得开具增值税专用发票，可以开具增值税普通发票；其余部分可以开具增值税专用发票。

例1-3：易瑾地产（一般纳税人）某在建楼盘有三名工程技术人员系劳务派遣人员，2019年5月易瑾地产向A劳务派遣公司支付服务费100 000元，其中：属于应支付给劳务派遣员工的工资、福利、社会保险及住房公积金的费用为80 000万元。请问劳务派遣公司5月应纳增值税如何计算？

解析：劳务派遣公司5月应纳增值税计算如下：

应纳增值税=(100 000-80 000)÷（1+5%）×5%=952.38（元）

A公司应给易瑾地产开具80 000元的增值税普通发票和20 000元的增值税专用发票。

9. 旅游服务：可以选择以取得的全部价款和价外费用，扣除向旅游服务购买方收取并支付给其他单位或者个人的住宿费、餐饮费、交通费、签证费、门票费和支付给其他接团旅游企业的旅游费用后的余额为销售额。差额扣除部分，即向旅游服务购买方收取并支付的上述费用，不得开具增值税专用发票，可以开具增值税普通发票；其余部分可以开具增值税专用发票。

10. 中国移动通信集团公司、中国联合网络通信集团有限公司、中国电信集团公司及其成员单位通过手机短信公益特服号为公益性机构接受捐款：

以其取得的全部价款和价外费用，扣除支付给公益性机构捐款后的余额为销售额。差额扣除部分，即接受的捐款，不得开具增值税专用发票，可以开具增值税普通发票；其余部分可以开具增值税专用发票。

11. 客运场站服务：以其取得的全部价款和价外费用，扣除支付给承运方运费后的余额为销售额。其从承运方取得的增值税专用发票注明的增值税不得抵扣。

12. 适用简易计税方法的建筑服务：以取得的全部价款和价外费用扣除支付的分包款后的余额为销售额。可全额开具增值税专用发票。

例1-4：易瑾地产（一般纳税人）某在建楼盘委托A建筑公司施工，2019年5月向A公司支付进度工程款100万元，A公司当月支付B公司建筑分包款20万元。请问A公司5月应纳增值税如何计算？

解析：5月A公司应纳增值税计算如下：

应纳增值税=(100-20)÷（1+3%）×3%=2.33（万元）

A公司应给易瑾地产开具100万元的增值税专用发票。

13. 航空运输服务：销售额不包括代收的机场建设费和代售其他航空运输企业客票而代收转付的价款。

14. 融资租赁业务：以取得的全部价款和价外费用，扣除支付的借款利息（包括外汇借款和人民币借款利息）、发行债券利息和车辆购置税后的余额为销售额。可全额开具增值税专用发票。

15. 融资性售后回租服务：以取得的全部价款和价外费用（不含本金），扣除对外支付的借款利息（包括外汇借款和人民币借款利息）、发行债券利息后的余额作为销售额。可全额开具增值税专用发票（2016年5月1日后融资性售后回租服务为贷款服务，销售额中不含本金，开具发票也不含本金）。

16. 原有形动产融资性售后回租服务：根据2016年4月30日前签订的有形动产融资性售后回租合同，在合同到期前提供的有形动产融资性售后回租服务，可以选择以下方法之一计算销售额：

- 以向承租方收取的全部价款和价外费用，扣除向承租方收取的价款本金，以及对外支付的借款利息（包括外汇借款和人民币借款利息）、发行债券利息后的余额为销售额。向承租方收取的有形动产价款本金，不得开具增值税专用发票，可以开具增值税普通发票；其余部分可以开具增值税专用发票。

● 以向承租方收取的全部价款和价外费用，扣除支付的借款利息（包括外汇借款和人民币借款利息）、发行债券利息后的余额为销售额。可全额开具增值税专用发票。

17. 安全保护服务：纳税人提供安全保护服务，其增值税发票开具方式比照劳务派遣服务政策执行。

1.1.4 差额征税扣除凭证的类型

纳税人适用差额征税政策时，应当取得符合法律、行政法规和国家税务总局规定的合法有效凭证，如果纳税人未能取得合法有效凭证的，则不得享受差额计税政策。

差额征税扣除凭证具体包括：

1. 支付给境内单位或者个人的款项，以发票为合法有效凭证。

2. 支付给境外单位或者个人的款项，以该单位或者个人的签收单据为合法有效凭证，税务机关对签收单据有疑议的，可以要求其提供境外公证机构的确认证明。

3. 缴纳的税款，以完税凭证为合法有效凭证。

4. 扣除的政府性基金、行政事业性收费或者向政府支付的土地价款，以省级以上（含省级）财政部门监（印）制的财政票据为合法有效凭证。

5. 国家税务总局规定的其他凭证。

6. 房地产开发企业取得的上述凭证属于增值税扣税凭证的，其进项税额不得从销项税额中抵扣，即不得一票两用。

例1-5：假设A公司符合差额征税条件。2019年5月A公司销售额30万元，差额部分取得增值税专用发票，价税合计21.20万元，其中：增值税专用发票上注明的税款为1.2万元。请问A公司5月应纳增值税如何计算？

解析：5月A公司应纳增值税计算如下：

应纳增值税=(30-21.20)÷（1+5%）×5%=0.42（万元）

A公司虽然取得了专用发票，但是该凭证已用于差额计税，不能再进行抵扣。

1.2 营改增对取得土地成本的影响和应对

土地成本是房地产开发企业的一项重要成本。土地成本中的主要支出为向政府国土资源管理部门支付的土地出让金，而国家尚未将其纳入营改增范围，为避免重复征税，将营改增减税降负的目的切实落实到位，营改增政策采取了将土地成本随销售额分次差额扣除的方式予以解决。

1.2.1 土地价款差额扣税应满足的条件

土地价款的扣除必须满足以下规定要求：

1. 必须是"直接支付"的土地价款，没有支付的土地价款不能扣除。

例1-6：易瑾地产以协议方式取得500亩土地，约定合同价款为4 653万元，实际支付3 180万元，并取得政府国土资源管理部门开具的政府非税收入票据。可以扣除的土地价款是多少？

解析：由于实际支付的土地价款和取得的财政票据都是3 180万元，因此，允许扣除的土地价款是3 180万元。

支付的土地价款包括：土地受让人向政府国土资源管理部门支付的征地和拆迁补偿费用、土地前期开发费用和土地出让收益等。

土地价款的收取部门：政府国土资源管理部门或受政府委托收取土地价款的单位。目前土地出让收入由财政部门负责征收管理，由国土资源管理部门负责具体征收。

2. 必须取得符合规定的合法凭证。

支付土地价款的合法凭证是指省级以上（含省级）财政部门监（印）制的财政票据。

财政票据是由财政部门统一印制和发放，由国家机关、事业单位、具有管理或者公共事务职能的社会团体及其他组织，依据有关法律、法规和政府部门的有关规定征收或者收取。政府非税收入、社会团体收取会费以及上述单位进行财务往来结算活动时，应当使用财政票据。

房地产开发企业主要涉及的财政票据包括行政事业性收费票据、政府性基金票据、政府非税收入票据、往来结算票据，社会团体会费收据、捐赠收据、罚没票据。

行政事业性收费票据，适用于国家机关、事业单位、代行政府职能的社会团体及其他组织，向特定服务对象收取行政事业性收费时开具。政府性基金票据，根据国务院或按财政部批准的政府性基金管理规定，在向公民、法人和其他组织无偿征收相关政府性基金时开具。政府非税收入票据，适用于各级国家机关和事业单位，以及代行政府职能的社会团体及其他组织依法利用行政权力、国家资源、国有资产或者提供特定公共服务等取得政府非税收入时开具。往来结算票据，适用于上述部门发生暂收暂付、代收代付及单位内部往来结算业务时开具。

土地出让金票据属于政府非税收入票据。房地产开发企业取得的往来结算票据不得作为报销凭证。

例1-7：易瑾地产支付首期土地出让金10 000万元，当地国土资源管理部门开具了往来结算票据。取得国土资源管理部门开具的财政票据，该土地价款能否扣除？

解析：不符合规定的凭证不能作为差额扣税凭证，国土资源管理部门开具的往来结算票据属于暂收暂付性质，该票据不能作为财务报销凭证。

1.2.2 拆迁补偿费应关注的风险

1. 拆迁补偿款扣税凭证的特殊要求

站在扣税凭证角度来看，拆迁补偿费是成本中比较特殊的事项，也是税务机关关注的重点。财政部、国家税务总局财税〔2016〕140 号文件将扣除范围扩大到了拆迁补偿费，这对于房地产开发企业无疑是一项利好。

拆迁补偿费通常是指拆建单位依照规定标准向被拆迁房屋的所有权人或使

用人支付的各种补偿金，主要包括房屋补偿费、周转补偿费和奖励性补偿费三方面，是土地成本的重要组成部分。但并非所有的土地成本都包含拆迁补偿费，正常土地招、拍、挂、都是净地出让，政府已预先完成拆迁补偿与安置工作，企业只需要缴纳土地出让金即可，不存在企业层面的拆迁补偿。只有在以现状出让的情况下，拆迁补偿工作由企业自行实施，在土地成本中才会出现拆迁补偿费用。

证明拆迁补偿费真实性的材料或凭证主要包括：

- 房地产开发企业与被拆迁单位或个人签订的拆迁协议。
- 房地产开发企业通过银行转账方式向被拆迁单位或个人支付拆迁补偿费用的转账付款凭据。需要注意的是，拆迁补偿费应通过银行转账方式进行结算。
- 被拆迁单位或个人通过银行账户（户名应与拆迁协议上的被拆迁单位名称或个人姓名相同）收取房地产开发企业拆迁补偿费用的转账收款凭据。
- 房地产开发企业和被拆迁单位或个人通过拆迁协议约定以实物兑付方式支付拆迁补偿费用的（须在拆迁协议中注明拆迁补偿费用标准和实物作价），实物移交的相关凭据为主要证据。

2. 加强拆迁补偿费的事前控管

在营改增之前，部分房地产开发企业通常通过虚构拆迁补偿费来加大土地增值税及企业所得税的税前扣除成本。营改增后，若仍采用如此操作，将会面临比以往更大的税务风险，主要原因如下：

一是税务机关的控管时点提前。营改增前税务机关多数情况下是在土地增值税清算环节才对拆迁补偿款进行控管，由于时间间隔长，许多事项不容易核实。但营改增后，拆迁补偿费的扣除时点是在计算增值税销项税额时点，较之前土地增值税清算环节已大幅提前，扣除时需要向税务机关提供拆迁协议、拆迁双方支付和取得拆迁补偿费用凭证等能够证明拆迁补偿费用真实性的材料，如果税务机关有异议，可及时要求纳税人进行解释并补充提供资料。

二是金税三期上线后，税务机关利用大数据进行风险评估和解析的能力大大增强，可以快速发现疑点，并通过第三方信息进行比对查找。如税务机关可以通过拆迁办、被拆迁人的涉税信息进行比对，核查企业提供的拆迁信息的真实性。

1.2.3　母公司（或联合体）拿地的风险和应对

在实务操作中，房地产开发企业通过母公司或者多家企业组建联合体拿地的情形比较普遍，而营改增规定差额征税必须凭取得的合法票据才能扣除。因此，房地产开发企业取得土地后，新设立的项目公司如何扣除土地价款成为房地产开发企业面临的一个难点和痛点。

为解决房地产开发企业实务操作中的难题，财政部和国家税务总局联合发布了《关于明确金融　房地产开发　教育辅助服务等增值税政策的通知》（财税〔2016〕140 号）文件，文件规定同时符合下列条件的，可由项目公司按规定扣除房地产开发企业向政府部门支付的土地价款：

1. 房地产开发企业、项目公司、政府部门三方签订变更协议或补充合同，将土地受让人变更为项目公司；

2. 政府部门出让土地的用途、规划等条件不变的情况下，签署变更协议或补充合同时，土地价款总额不变；

3. 项目公司的全部股权由受让土地的房地产开发企业持有。

但是，在政府部门已将财政票据直接开具给房地产开发企业（或者参与联合体投标的各家企业）的情形下，是否允许项目公司扣除已支付的土地价款呢？又该如何应对？

对于土地价款的扣除，国家税务总局 2016 年第 18 号公告第六条明确规定，在计算销售额时从全部价款和价外费用中扣除土地价款，应当取得省级以上（含省级）财政部门监（印）制的财政票据。在实务操作中，税企之间会由于票据抬头不是项目公司而产生争议。鉴于此风险，房地产开发企业负责拿地的业务部门在签订土地出让合同时，应尽量争取直接以项目公司名义签订合同，并要求政府部门将财政票据直接开具给项目公司。

国土资源部《招标拍卖挂牌出让国有建设用地使用权规定》（中华人民共和国国土资源部令 39 号）第十一条规定，中华人民共和国境内外的法人、自然人和其他组织，除法律、法规另有规定外，均可申请参加国有建设用地使用权招标拍卖挂牌出让活动。该文件附录 C《国有土地使用权出让须知示范文本》第七条注意事项第二款规定，申请人竞得土地后，拟成立新公司进行开发建设的，应在申请书中明确新公司的出资构成、成立时间等内容。出让人可以根据中标结果与中标人签订《国有土地使用权出让合同》，在中标人按约定办理完新公司注册登记手续后，再与新公司签订《国有土地使用权出让合同变更协议》，或者出让人直接与新公司签订《国有土地使用权出让合同》。文件中并未要求土地取得方一定是土地竞拍的受让人，因此，房地产开发可根据上述规定，在申请书对新设项目公司予以明确，并由项目公司与土地管理部门直接签订合同，并取得土地管理部门开具的财政票据。

例1-8：易瑾地产通过竞拍在京州市取得一块土地，拟在当地设立一家新的全资子公司进行开发。请问易瑾地产应该如何操作？

根据《招标拍卖挂牌出让国有土地使用权规范（试行）》（国土资发〔2006〕114号）规定，易瑾地产可以在向京港市土地管理部门递交的申请书中提出设立新公司进行房产开发的申请，由京港市土地管理部门直接与新设立的公司签订《国有土地使用权出让合同》。

1.2.4 "一次拿地、分次开发"土地价款扣除的税务处理

部分房地产开发企业"一次拿地、一次开发"，根据《国家税务总局关于发布〈房地产开发企业销售自行开发的房地产项目增值税征收管理暂行办法〉的公告（国家税务总局 2010 年第 18 公告）》，按照项目中当期销售建筑面积与可供销售建筑面积的比例，计算可以扣除的土地价款，政策规定清晰。

如果房地产开发企业"一次拿地、分次开发"，如何扣除土地成本？可供销售建筑面积如何确定？虽然财税部门没有出台统一的文件，但各地执行口径基本一致，如山东省国税局、海南省国税局都已明确，可以首先将一次

性支付的土地价款以"占地面积"在多个项目中进行划分固化，然后对单个房地产项目中所对应的土地价款再按照当期销售建筑面积占可售面积的占比进行计算扣除。

例1-9：易瑾地产通过竞拍在京州市取得一块土地，支付土地价款50 000万元，准备分两期开发，一期占地4万平方米，二期占地6万平方米。一期、二期可扣除土地价款应如何计算？

解析：首先将支付的土地价款50 000万元，按占地面积进行分摊。

一期应分摊土地价款=50 000×4÷（4+6）=20 000（万元）

二期应分摊土地价款=50 000×6÷（4+6）=30 000（万元）

1.2.5 土地价款台账的建立

房地产开发企业应建立台账，登记土地价款的扣除情况，扣除的土地价款不得超过纳税人实际支付的土地价款。

建立台账不仅是税务机关对房地产开发企业的政策要求，也是企业规范管理的重要工具。现行政策规定，土地价款不能一次性从销售额中扣减，需要随着销售额的确认逐步扣除。因此，通过台帐对各期土地价款的扣除进行记载是非常必要的。土地信息台账表参考表 1-1、表 1-2：

表 1-1　土地出让合同、土地证信息

国有土地使用证信息			
序号	国有土体使用权证号	宗地编号	使用权面积（平方米）

土地使用权出让合同信息			
序号	土地使用权出让合同号码	合同金额	宗地面积	其中：出让

是否有配建项目：是（ ）否（ ）		容积率	
配建保障性住房指标	划拨土地面积（平方米）		
	划拨土地价款		

表 1-2　土地价款扣除信息

建筑性质			建筑总面积（平方米）		
土地扣除凭证审核情况（增值税、企业所得税、土地增值税、契税）					
序号	项目	开票单位名称	票据种类	票据金额	税务确认金额
		合　　计			
项目分期开发情况（增值税、企业所得税、土地增值税）					
项目是否分期开发：是（　）否（　）					
开发期数		首期项目开工时间		预计全部项目完工时间	
土地分摊方法		占地面积法（　）土地整体预算法（　）其他方法（　）			
		如采用其他方法，请注明具体方法			
序号	期数	土地分摊成本			
		企业分摊成本		税务确认成本	
1	一期				
2	二期				
土地成本扣除情况		当期可供销售建筑面积（平方米）			
序号	年　月	当期销售收入（1）	当期销售面积（2）	当期允许扣除的土地价款（3）	
	合计				

1.3　国有企业改制契税的税务处理

2017 年 7 月 18 日，国务院办公厅发布《中央企业公司制改制工作实施方案》（国办发〔2017〕69 号），方案明确提出在 2017 年底前，按照《中华人民共和国全民所有制工业企业法》登记、国务院国有资产监督管理委员会监管的中央企业（不含中央金融、文化企业），全部改制为按照《中华人民共和国公司法》登记的有限责任公司或股份有限公司，加快形成有效制衡的公司法人治理结构和灵活高效的市场化经营机制。

在计划经济体制下，国有企业的土地一般为划拨用地，国有企业改制时，经省级以上人民政府批准实行授权经营或具有国家授权投资机构资格的企业，其原有划拨土地可采取国家作价出资（入股）或授权经营方式处置。全民所有制企业改制为国有独资公司或国有及国有控股企业全资子公司，其原有划拨土地可按照有关规定保留划拨土地性质。

为了积极推进国有企业改制，实施方案明确规定，改制企业可以按规定享受改制涉及的资产评估增值、土地变更登记和国有资产无偿划转等方面税收优惠政策。

在实务中，对于国有企业改制涉及的土地取得事项，应重点关注契税事项。

1.3.1 国有企业改制免征契税

契税税收优惠政策规定的企业类型比法律意义上的国有企业改制范围要广。

根据《财政部 国家税务总局关于进一步支持企业事业单位改制重组有关契税政策的通知》（财税〔2015〕37号）规定，非公司制企业改制为有限公司，有限责任公司变更为股份有限公司，股份有限公司变更为有限责任公司，原企业投资主体存续并在改制（变更）后的公司中所持股权（股份）比例超过75%，且改制（变更）后公司承继原企业权利、义务的，对改制（变更）后公司承受原企业的土地、房屋权属和免征契税。

投资主体存续，是指原企业的出资人必须存在于改制重组后的企业，出资人的出资比例可以发生变动。

1.3.2 国家作价出资（入股）应缴纳契税

国有土地使用权出让属于契税的征收范围。根据《中华人民共和国契税暂行条例细则》第八条第一款规定，以土地、房屋权属作价投资、入股方式转移土地、房屋权属的，视同土地使用权转让征税。因此，对以国家作价出资（入股）方式转移国有土地使用权的行为，应视同土地使用权转让，由土地使用权的承受方按规定缴纳契税。

国家作价出资时，契税的计税依据为土地管理部门审批文件中确认的价格。

例1-10：税务机关在对某国有企业风险应对时发现，该企业属于国有央企××建设股份有限公司的全资子公司，注册资本金2.6亿元，自有土地13万平方米属于无偿划拨土地。2014年国有央企××建设股份有限公司改组改制，该国有企业对自有划拨土地评估增值计入资本公积，增加注册资本金6 700万元，并将土地性质由划拨土地变更为作价出资性质，同时办理了新的土地使用证。企业认为本次改制，不涉及土地使用权属的变更，应享受契税减免优惠。请问该企业土地变更能不能享受契税减免优惠。

解析：该企业对改制过程中的土地评估增值，变更了土地性质，由划拨改为作价出资，不符合企业改组改制免征契税情形，应按规定缴纳相应契税。

财政部、国家税务总局《关于国有土地使用权出让等有关契税问题的通知》（财税〔2004〕134号）第二条规定，先以划拨方式取得土地使用权，后经批准改为出让方式取得该土地使用权的，应依法缴纳契税，其计税依据为应补缴的土地出让金和其他出让费用。财政部、国家税务总局《关于企业改制过程中以国家作价出资（入股）方式转移国有土地使用权有关契税问题的通知》（财税〔2008〕129号）规定，根据《中华人民共和国契税暂行条例》第二条第一款规定，国有土地使用权出让属于契税的征收范围。根据《中华人民共和国契税暂行条例细则》第八条第一款规定，以土地、房屋权属作价投资、入股方式转移土地、房屋权属的，视同土地使用权转让征税。因此，对以国家作价出资（入股）方式转移国有土地使用权的行为，应视同土地使用权转让，由土地使用权的承受方按规定缴纳契税。财政部、国家税务总局《关于进一步支持企业事业单位改制重组有关契税政策的通知》（财税〔2015〕37号）第八条规定，以出让方式或国家作价出资（入股）方式承受原改制重组企业、事业单位划拨用地的，不属上述规定的免税范围，对承受方应按规定征收契税。因此，风险应对人员认为，该企业改制过程中以国家作价出资（入股）方式转移国有土地使用权应按规定征收契税，计税依据为企业土地评估增值计入资本公积的金额，按规定该企业不应享受契税减免优惠，应补缴纳土地契税201万元。

1.4 母公司以土地使用权向子公司增资是否免征契税

《财政部 国家税务总局关于进一步支持企业事业单位改制重组有关契税政策的通知》（财税〔2015〕37号）第六条规定，同一投资主体内部所属企业之间土地、房屋权属的划转，包括母公司与其全资子公司之间，同一公司所属全资子公司之间，同一自然人与其设立的个人独资企业、一人有限公司之间土地、房屋权属的划转，免征契税。

本条政策所称"划转"是否包括母公司以土地使用权向子公司的增资行为呢？目前税务总局尚未予以明确，各地执行政策不一。例如，江西省地税局"局长信箱"在2017年2月10日明确回复纳税人，增资不属于划转，财务上按划转处理才可适用优惠政策条款。而安徽省地税局"12366"在2015年4月21日答复纳税人时，明确增资行为适用财政部、国家税务总局财税〔2015〕37号文件契税减免规定。

笔者认为增资行为可以享受免征契税的税收优惠，原《国家税务总局关于全资子公司承受母公司资产有关契税政策的通知》（国税函〔2008〕514号）规定，公司制企业在重组过程中，以名下土地、房屋权属对其全资子公司进行增资，属同一投资主体内部资产划转，对全资子公司承受母公司土地、房屋权属的行为，不征收契税。该文件虽已依据《国家税务总局关于公布全文失效废止、部分条款失效废止的税收规范性文件目录的公告》（国家税务总局公告2011年第2号）全文废止，但增资行为属于"同一投资主体内部资产划转"的立法精神应该是延续的。

这一点，《财务部 税务总局关于继续支持企业事业单位改制重组有关契税政策的通知》（财税〔2018〕17号）第六条最终予以明确，母公司以土地、房屋权属向其全资子公司增资，视同划转，免征契税。

1.5 市政建设配套费是否缴纳契税

城市基础设施配套费是依据城市总体规划要求，为筹集城市市政公用基础设施建设资金所收取的费用，专项用于城市基础设施和城市公用设施建设，包括城市道路、桥梁、公共交通、供水、燃气、污水处理、集中供热、园林、绿化、路灯、环境卫生等设施的建设。

城市基础设施配套费按照建设项目的建筑面积计征，在办理《建设工程规划许可证》前缴纳。例如，某市城市基础设施配套费征收管理办法规定，城市基础设施配套费按建设项目的建筑面积计征，标准为每平方米90元，在办理《建设工程规划许可证》前上交市财政。

城市基础设施配套费是否计入土地取得成本一并计算缴纳契税，各地执行政策不一。从该项收费的时间点来看，发生在取得土地之后，与取得土地没有关系。但是由于《财政部、国家税务总局关于国有土地使用权出让等有关契税问题的通知》（财税〔2004〕134号）明确规定，出让国有土地使用权的，其契税计税价格为承受人为取得该土地使用权而支付的全部经济利益，无论是协议方式出让还是竞价方式出让，契税计税价格都包括市政建设配套费。

财税部门将市政建设配套费作为计税价格是有其历史原因的。

尽管我国从2002年就已经确定土地出让招拍挂制度，但在实务中一直存在毛地出让和净地出让两种方式。净地是指已经完成拆除平整，不存在需要拆除的建筑物、构筑物等设施的土地。与之相对的是毛地出让，毛地是指地上存在需要拆除的建筑物、构筑物等设施的土地。由于毛地需要进行补偿、安置、拆迁、三通（或五通）等工作，因此财政部、国家税务总局财税〔2004〕134号文件采取了概括列举的方式将市政建设配套费等费用列为了契税的计税价格，但是该文件第一条明确的征税前提是出让国有土地使用权。

随着土地出让制度的完善，土地出让基本上采取的都是净地出让，政府收储土地发生的成本最终都统一体现在土地出让价格中，这一点在《国家税务总局关于明确国有土地使用权出让契税计税依据的批复》（国税函〔2009〕603 号）有明确表述，对通过"招、拍、挂"程序承受国有土地使用权的，应按照土地成交总价款计征契税，其中的土地前期开发成本不得扣除。

2017 年，成都市地方税务局财产与行为税处针对该问题请示了四川省税务局和国家税务总局，总局和省局均认为，房地产开发商在取得土地使用权后按开发的房产建筑面积向住建部门缴纳的城市基础设施配套费（一般计入开发成本）是在取得土地使用权之后发生的费用，该费用不是为取得土地使用权而支付的，应暂缓征收契税。

综上所述，市政建设配套费一律作为计税价格计征契税的观点是错误的。

1.6　城镇土地使用税纳税义务发生时间

《财政部国家税务总局关于房产税、城镇土地使用税有关政策的通知》（财税〔2006〕186 号）第二条规定，以出让或转让方式有偿取得土地使用权的，应由受让方从合同约定交付土地时间的次月起缴纳城镇土地使用税；合同未约定交付土地时间的，由受让方从合同签订的次月起缴纳城镇土地使用税。

因此，房地产开发企业在与土地管理部门签订的土地出让合同中，应该明确约定土地交付时间，以避免在未实际交付土地的情形下多缴纳土地使用税。

同时，对于政府部门因各种原因未按合同约定交付土地的，纳税人应该积极与主管税务机关进行沟通，争取以实际交付时间作为判定标准。

目前部分地方税务机关也采取了较为灵活的处置方式。例如,《辽宁省地方税务局关于明确房产税和城镇土地使用税有关业务问题的通知》(辽地税函〔2011〕225号)规定,对由于政府动迁不及时等原因,政府没有按照合同约定的时间将土地交付给受让者的,土地受让人应与出让者签订补充协议,重新明确交付土地的时间;也可由国土资源管理部门出具有效证明,证明该宗土地确因政府的原因改变交付土地的时间。经主管地方税务机关确认后,可按补充合同或政府有关部门证明的时间,确定城镇土地使用税纳税义务发生的时间。

例1-11:2019年4月18日易瑾地产与国土资源管理部门签订合同,取得一宗100万平方米的土地使用权,出让合同未约定土地交付时间,2019年5月是否需要缴纳城镇土地使用税?

解析:由于易瑾公司与国土部门签订的合同中未约定土地交付时间,应自合同签订的次月即2019年5月起开始缴纳城镇土地使用税。若国土资源管理部门在5月未实际交付土地,易瑾公司将提前缴纳税款从而加大了公司的税负成本。因此,易瑾公司可申请国土资源管理部门出具证明,经主管地方税务机关确认后,以实际土地交付时间开始缴纳城镇土地使用税。

1.7　企业风险诊断自查重点

从2002年开始,无论是税务总局统一安排的指令性检查项目、指导性检查项目、专项检查项目,还是日常稽查、纳税评估,房地产行业都成为税务机关检查的重点。税务机关专门针对房地产行业制定了专门的检查方案,内容涉及增值税(营业税)、企业所得税、土地增值税、契税、房产税、个人所得税、印花税等多个税种,各个税种比较典型的问题均已列出。税务检查除了提高纳税遵从度,营造公平营商环境外,征补收入无疑也是目的之一。纳税人如被查出少交税,除了补缴相应税款,可能还要承担最高为5倍的罚款。

因此，房地产开发企业税务管理的目的之一就是防患于未然，根据税务机关控管的重点做好日常的自我诊断和风险评估工作。

土地取得环节企业风险诊断自查重点详见表1-3。

表1-3　土地取得环节风险诊断自查重点

税　种	自　查　事　项
耕地占用税	耕地占用税纳税义务发生时间是否正确
	享受税收优惠的，适用税收优惠的各类耕地是否符合规定
	土地在农村或郊区的，应有政府国土部门出具的非耕地证明
契税	出让取得国有土地使用权的，是以取得土地使用权支付的全部经济利益作为计税依据缴纳契税。契税计税价格包括土地补偿费、安置补偿费、地上附着物和青苗补偿费、拆迁补偿费、市政建设配套费等承受者应支付的货币、实物、无形资产及其他经济利益
	以划拨方式取得的土地使用权，经批准改为出让方式取得的，是否补缴契税
	通过招商引资承诺完成投资强度或投资特定项目，而获得的低价土地或无偿赠与的土地，是否参照当地基准地价或市场价格缴纳契税
	承受旧城改造拆迁范围内土地使用权的，是否按规定缴纳契税
	分期支付方式取得土地使用权的，是否按合同规定的总价缴纳契税
	作为合作开发项目受让土地方的，是否按照合同约定缴纳契税
	免税或不征税项目是否符合政策规定
土地使用税	检查土地使用税计税依据是否正确。将计征土地使用税的面积与土地使用证、土地出让合同进行核对，检查是否相符
	将计征土地使用税的开始时间与土地出让合同约定的交付时间或者实际交付时间进行比对，检查土地使用税纳税义务开始时间是否正确
	检查已征用尚未开发的土地是否未按规定申报缴纳土地使用税
	检查适用土地等级、适用税额是否正确
印花税	将印花税计税依据与土地出让合同、土地转让合同约定的金额进行核对，检查是否相符
	补缴土地出让金的是否补缴印花税
	印花税是否在土地出让合同或土地转让合同签订后及时申报纳税

1.8　税务机关风险评估比对重点

自2016年5月1日全面推开营改增试点以来，税务总局高度重视营改增后税收征管面临的新情况、新问题，相继出台了若干条强化管理措施，不断深化国税、地税合一，推动国税、地税征管协同、信息共享、经验互鉴，破解地税机关因缺少"以票控税"手段带来的税收征管难题。2016 年 10 月在全国国税机关和地税机关全面上线金税三期系统，统一了全国国税机关、地税机关的数据结构与标准，为实现信息共享奠定了基础，明确了信息共享的实施标准和主要内容，要求国税局、地税局通过实时共享等方式，对包括税务登记信息在内的相关涉税信息共享共用。其中，国税局向地税局提供的数据有 12 大类、146 项，地税局向国税局提供的数据有 10 大类、100 项。随着 2018 年国地税的合并；税务监管更加严格，企业所有数据都由一个税务机关统一掌握，信息对比更加便捷、高效、精准。同时，税务机关还加强了第三方信息的交换和运用，通过与国土、住建、银行等外部部门信息交换，正在逐步实现对纳税人的智能化信息控税。风险评估的比对重点详见表 1-4。

表 1-4　税务机关风险评估比对重点

税种	事　　项
耕地占用税	严格"先税后证"原则，国土资源管理部门凭耕地占用税完税凭证或者免税凭证和其他有关文件发放建设用地批准书
契税	严格"先税后证"原则，国土资源管理部门凭契税完税凭证或者免税凭证和其他有关文件发放国有建设土地使用权证
	税务机关将契税计税依据与国土资源管理部门传递的土地出让信息进行比对，重点审核差异事项及其原因
土地使用税	税务机关负责与国土资源管理部门传递的土地出让、转让信息进行比对，核实是否存在已出让但未申报土地使用税的情形
	税务机关负责与国土资源管理部门传递的土地实际交付时间信息、耕地占用信息进行比对，核实土地使用税开始纳税义务发生时间是否正确
	税务机关负责与国土资源管理部门传递的实际占地信息进行比对，核实计税依据、适用税额是否正确
印花税	税务机关负责与国土资源管理部门传递的土地出让、转让信息进行比对，核实印花税是否及时足额缴纳

第 2 章
开发建设环节

房地产开发企业拿地之后，在履行报批、报建手续，取得建设用地规划许可证、建设工程规划许可证、建筑工程施工许可证后，进入项目施工建设阶段。开发建设环节是房地产开发企业主要成本的发生和归集环节，也是营改增后决定企业增值税税负高低的关键环节之一。

开发建设环节涉及增值税（进项税额）、印花税、城镇土地使用税、代扣代缴增值税和企业所得税。需要缴纳印花税的合同主要包括建筑安装工程承包合同、建设工程勘察设计合同、采购甲供材料合同、与银行签订的借款合同、财产保险合同等。代扣代缴涉税事项为支付境外建筑设计时涉及的增值税、企业所得税。

房地产开发企业在本环节税务管理需要重点关注的事项：一是增值税进项发票的取得、认证、抵扣；二是支付境外设计费代扣税费的准确计算和缴纳；三是各类合同印花税的计算和缴纳。

2.1　成本构成及可抵扣事项

开发建设环节的成本主要包括前期工程费、基础设施建设费、公共配套设施费、开发间接费、建筑安装工程费。房地产开发企业应做好业务部门人员对成本构成及可抵扣事项的培训，建立合格供应商库，对于一般计税项目，要求业务人员能够取得增值税专用发票的应取尽取。同时在工程款项结算、费用报销环节把好关，对于能取得而未取得增值税专用发票的，要求业务人员及时换票。对于已经取得的增值税专用发票应及时办理认证、抵扣。

对于一般计税项目，如果控管不力，应取得增值税专用发票抵扣进项税的事项而未取得进项税票的，将直接影响企业的增值税税负。

例 2-1：易瑾地产（一般纳税人）某项目营业收入为 10 000 万元，采用一般计税方式，成本为 8 000 万元。现假设成本中有 6 000 万元、7 000 万元取得了增值税专用发票（暂不考虑未取得增值税发票对购进价格的影响）两种情形，请计算两种情形下的企业增值税税负率。

解析：假设1：增值税税负率=（10 000×9%-6 000×9%）÷10 000=3.60%

假设2：增值税税负率=（10 000×9%-7 000×9%）÷10 000=2.70%

2.1.1　前期工程费

前期工程费包括项目开发前期发生的规划、设计、可行性研究以及水文地质勘察、测绘、政府代收的各项费用、各项临时工程费用等。

1. 勘察设计费

勘察设计费是指对房地产开发项目进行勘察设计所发生的费用，该项目核算的具体内容、适用的税目及法定税率详见表2-1。

表2-1　勘察设计费构成及适用税目、税率

项目明细	核算内容	税目			商品或服务名称	税率
		一级	二级	三级		
勘探丈量费	文物勘察费、地基勘察费、水文勘察费、沉降观测费、日照测试费、环境评估费、交通影响解析费、基础桩应变费、防雷检测费、拨地钉桩验线费、复线费、定线费、施工放线费、建筑面积丈量费	现代服务	研发和技术服务	工程勘察勘探服务、专业技术服务	工程勘察勘探服务、工程勘察服务、专业技术服务	6%
规划设计费	总规设计费、可行性研究费、方案评审费、效果图设计费、规划设计模型制作费、地质勘察设计费、施工图设计费、景观设计费、智能化设计费、综合管网设计费、排水方案设计费、制图晒图费、其他规划设计费	现代服务	文化创意服务	设计服务	工程设计服务、文印晒图服务	6%

2. 报批报建费

报批报建费主要为行政规费，一般能够取得行政事业单位的行政事业性收费票据或非税收入票据。由于目前收取各项规费的行政事业单位尚未纳入营改增范围，因此无法取得增值税专用发票，不能抵扣增值税

25

进项税额。

报批报建费用主要包括：项目报建费、施工许可证费、规划管理费、拆迁管理费、办证费、安全监督费、工程质量监督费、工程造价管理费、交易中心手续费、消防配套设施费、人防报建费、散装水泥专项资金、白蚁防治费、城市基础设施配套费、园林绿化费、墙改专项基金、招投标管理费、质量监督费、施工图纸审查费、劳动保险基金、预算编制费(审核费)、航测图费、渣土费、可行性研究费、抗震审查费、消防审查费、防雷检测费、房屋测绘费、房屋所有权登记工本费、工程交易费、地名费、地籍地形图核地、新材料基金等。

3. 三通一平费

三通一平是指房地产开发项目开工的前提条件，具体指水通、电通、路通和场地平整，该项目核算的具体内容、适用的税目及法定税率详见表 2-2。

表 2-2　三通一平费构成及适用税目、税率

项目明细	核算内容	税目		商品或服务名称	税率
		一级	二级		
临时道路	接通红线外施工用临时道路的设计、建造费用	建筑服务	工程服务、安装服务	工程服务、安装服务	9%
临时用电	接通红线外施工用临时用电规划设计费、临时管线铺设、改造、迁移、临时变压器安装及拆除费用				
临时用水	接通红线外施工用临时给排水设施的设计、建造、管线铺设、改造、迁移等费用				
场地平整	基础开挖前的场地平整、场地清运、旧房拆除等费用		其他建筑服务	其他建筑服务	

4. 临时设施费

临时设施是指施工现场为保证施工和管理的正常进行而建造的各种简易设施，该项目核算的具体内容、适用的税目及法定税率详见表 2-3。

表 2-3　临时设施费构成及适用税目、税率

项目明细	核算内容	税目		商品或服务名称	税率
		一级	二级		
临时围墙	围墙、围栏设计、建造、装饰等费用	建筑服务	工程服务、安装服务、其他建筑服务	工程服务、安装服务、其他建筑服务	9%
临时办公室	建造、租赁、装饰灯费用				
临时场地占用费	施工用临时占道费、临时借用空地租费				
临时围板	设计、建造、装饰费用				

在实务中需要注意的是，对于房地产项目施工现场的临时设施，包括施工现场的临时建筑物、构筑物，如门岗、工料房等，虽然也属于不动产的范畴，但由于存续时间短，施工结束后即要拆除清理。因此，取得的进项税允许一次性抵扣。

2.1.2　基础设施建设费

基础设施建设费主要包括道路、供水、供电、供气、供暖、排污、排洪、消防、通讯、照明、有线电视、宽带网络、智能化管网、园林绿化、景观工程等。各项目的核算内容、适用税目及法定税率详见表 2-4。

表 2-4　基础设施建设费构成及适用税目、税率

项目明细	核 算 内 容	税目		商品或服务名称	税率
		一级	二级		
室外给排水系统费	给水管道、检查井、水泵房、外接消火栓、雨污水系统等	建筑服务	工程服务、安装服务、其他建筑服务	工程服务、安装服务、其他建筑服务	9%
室外供电工程费	红线到配电房的高压线、高压柜、变压器、低压柜及箱式变压设备费用；室外强电管道及电缆敷设；室外强电总平线路部分费用；室外弱电管道埋设（电视、电话、宽带网、智能化布线管道预埋、检查井）等				
室外采暖系统费	供暖管道、热交换站、锅炉房等				
室外燃气系统费	管道系统、调压站				
室外智能化系统费	停车管理系统、小区监控系统、门禁系统、红外防越系统等				

项目明细	核算内容	税目		商品或服务名称	税率
		一级	二级		
室外照明工程费	园路照明、水景照明、景观照明等	建筑服务	工程服务、安装服务、其他建筑服务	工程服务、安装服务、其他建筑服务	9%
园林景观工程	公共绿化、组团绿化等				
建筑小品	雕塑、水景、环廊、假山等				
道路、广场建造费	道路铺设、广场铺设等				
围墙建设费	围墙、大门、围栏				
标识系统	指示牌、标识牌				
环卫设施	垃圾房、垃圾桶				
室外背景音乐					
室外零星设施	儿童游乐设施、座椅等				
室外零星工程					

房地产开发企业需要关注以下两点：

一是部分基础设施建设费，如果采用甲供方式，房地产开发企业可以取得自行采购或甲指乙采（房地产开发企业指定材料供应商名单，建筑施工企业代甲方采购）材料部分的13%的增值税专用发票，但甲供工程对应的建筑安装服务只能取得3%税率的增值税专用发票。

二是部分房地产开发企业在园林景观工程中，会自行采购部分林木、花卉等。现行政策规定，农业生产者销售的自产农产品属于免税项目，只能开具普通发票。农业生产者是指直接从事植物种植的单位和个人。

购进农产品，按照销售发票上注明的农产品买价和9%的扣除率计算进项税额。进项税额计算公式：进项税额=买价×扣除率。

2.1.3 公共配套设施费

公共配套设施费是指开发项目内发生的、独立的、非营利性的且产权属于全体业主的，或无偿赠与地方政府、政府公共事业单位的公共配套设施费用等。各项目的核算内容、适用税目及法定税率详见表2-5。

表2-5　公共配套设施费构成及适用税目、税率

项目明细	核算内容	税目		商品或服务名称	税率
		一级	二级		
不能有偿转让的公共配套设施	居委会、派出所、自行车棚、门岗房、儿童娱乐设施、健身设施等	建筑服务	工程服务、安装服务、其他建筑服务	工程服务、安装服务、其他建筑服务	9%
能够用于经营但不属于地产企业所有的配套设施	幼儿园、邮局、社区活动室、游泳池等设施				
规划的大配套设施	中小学、社区文化中心等				
需要判断确定是否计入公共配套设施的项目	地下室、车位等				

2.1.4　建筑安装工程费

建筑安装工程费包括开发项目开发过程中发生的各项主体建筑的建筑工程费、安装工程费及精装修费等。各项目的核算内容、适用税目及法定税率详见表2-6。

表2-6　建筑安装工程费构成及适用税目、税率

项目明细	核算内容	税目		商品或服务名称	税率
		一级	二级		
基础工程费	土石方、桩基、护壁(坡)、基础处理等	建筑服务	工程服务	工程服务	9%
桩基检测费	对桩基工程是否符合质量标准进行检测所发生的费用支出	现代服务	鉴证咨询服务	认证服务	6%
主体建筑工程	结构工程、门窗工程、公共部位精装修、户内精装修	建筑服务	工程服务	工程服务	9%
主体安装服务	室内水暖气电管线设备费、室内设备及其安装费、弱电系统费	建筑服务	安装服务	安装服务	9%

2.1.5　开发间接费

开发间接费指与开发项目直接相关，但不能明确属于特定开发环节的成

本费用性支出，以及项目的营销设施建造费。各项目的核算内容、适用税目及法定税率详见表 2-7。

表 2-7　开发间接费构成及适用税目、税率

| 项目明细 | 核算内容 | 税目 | | 商品或服务名称 | 税率 |
		一级	二级		
工程管理费	工程监理费	现代服务	鉴证咨询服务	鉴证服务	6%
	预结算编审费				6%
	行政管理费（采购商品部分）	明细		明细	13%
	行政管理费（人工成本部分）	不能抵扣	—	—	—
	工程质量监督、安全监督费	规费			
	工程保险费	不能抵扣	—	—	—
营销设施建造费	售楼部的建造、装饰	建筑服务	工程服务	工程服务	
	售楼部、样板间家具、物品	明细		明细	13%
	样板间装修	建筑服务	装饰服务	装饰服务	9%
	售楼部、样板间设计	现代服务	文化创意服务	工程设计	6%
物业管理完善费	开发商承担的物业管理基金等	不能抵扣			
借款费用		不能抵扣			

2.2　营改增后不能抵扣进项税额的事项

营改增后，除政策规定不能抵扣的事项外，房地产开发企业应最大程度地取得符合规定的增值税专用发票或者合法扣税凭证，以降低增值税税负。但是对于不能抵扣的事项，也要注意不能用于抵扣应税项目。

下面将主要介绍房地产开发企业不能抵扣的主要事项。

2.2.1　用于简易计税方法计税项目、免征增值税项目

为保证营改增的平稳过渡和顺利实施，现行政策允许房地产开发企业销售自行开发房地产项目时采取两种计税方式：一般计税和简易计税。

1. 房地产老项目可以选择简易计税

房地产老项目是指符合下列条件之一的项目：

《建筑工程施工许可证》注明的合同开工日期在 2016 年 4 月 30 日前的房地产项目。

《建筑工程施工许可证》未注明合同开工日期但建筑工程承包合同注明的开工日期在 2016 年 4 月 30 日前的建筑工程项目。

未取得《建筑工程施工许可证》但建筑工程承包合同注明的开工日期在 2016 年 4 月 30 日前的建筑工程项目。

房地产开发企业销售老项目时，因为部分成本支出是在营业税下完成的，无法取得进项税额，因此给予了简易计税的选择权。

一般纳税人销售自行开发的房地产老项目，可以选择适用简易计税方法按照 5% 的征收率计税。一经选择简易计税方法计税的，36 个月内不得变更为一般计税方法计税。

一般纳税人销售自行开发的房地产老项目适用简易计税方法计税的，以取得的全部价款和价外费用为销售额，不得扣除对应的土地价款、拆迁补偿款和取得的增值税专用发票注明的进项税额。

2. 无法划分不得抵扣进项税额的税务处理

一般纳税人销售自行开发的房地产项目，兼有一般计税方法计税、简易计税方法计税、免征增值税的房地产项目而无法划分不得抵扣的进项税额的，应以《建筑工程施工许可证》注明的"建设规模"为依据进行划分。

不得抵扣的进项税额=当期无法划分的全部进项税额×（简易计税、免税房地产项目建设规模÷房地产项目总建设规模）。

按照销售额比例法进行换算是税收管理中常用的方法，与此同时还存在其他的划分方法。一般情况下，按照销售额的比例划分是较为简单的方法，操作性比较强，便于纳税人和税务机关操作。

需要注意的是，上述公式只是对无法划分的进项税额进行划分，对于能够准确划分的进项税额，直接按照归属进行区分。

例2-2：易瑾地产（一般纳税人）当月行政部门取得电费专用发票10 000元，增值税进项税额1 300元，取得会计师事务所开具的年度审计费增值税专用发票100 000元，增值税进项税额6 000元。公司现有两个项目，其中，采用简易计税的老项目《建筑工程施工许可证》注明的建设规模为50 000平方米，采用一般计税的新项目《建筑工程施工许可证》注明的建设规模为150 000平方米。请分析不得抵扣的进项税额。

解析：不得抵扣的进项税额=（1 300+6 000）×（50 000÷200 000）=1 825元

同时，现行政策还引入年度清算的概念。纳税人年度内取得的进项税额如果存在不均衡，纳税人按月计算与按年度计算的进项转出可能会产生差异，对此，主管税务机关可在年度终了时，对纳税人进项转出进行清算及调整，按照上述公式依据年度数据对不得抵扣的进项税额进行清算。

2.2.2　用于集体福利或者个人消费

只有用于生产经营的进项税额才能抵扣，集体福利或者个人消费都是与生产经营无关的事项，因此不能抵扣进项税额。

现行增值税中将纳税人的交际应酬消费归属于个人消费。个人消费不属于生产经营中的生产投入和支出，是一种生活性消费活动，增值税是对消费行为征税的，消费者即是负税者，因此，个人消费需要负担对应的进项税额。同时，由于交际应酬费难以准确划分商业招待和个人消费，征管中不宜掌握界限，如果对交际应酬消费和个人消费分别适用不同的税收政策，容易诱发避税行为。为简化操作，公平税负，明确对交际应酬消费所用的货物、加工修理修配劳务、服务、无形资产和不动产同个人消费一样不得用于抵扣进项税额。

2.2.3　非正常损失的购进货物以及相关的劳务和交通运输服务

非正常损失，是指因管理不善造成货物被盗、丢失、霉烂变质，以及因违反法律法规造成货物或者不动产被依法没收、销毁、拆除的情形。这些非正常损失是由纳税人自身原因导致的征税对象实体的消失，为保证税负公平，其损失不应由国家承担，因而纳税人无权要求抵扣进项税额。

例2-3：易瑾地产购进一批装饰材料，不含税价为100万元，已抵扣进项税额13万元，因项目设计变更不再使用。该批材料目前市场售价为90万元，公司通过电商平台将其销售给A装饰公司。请问该批材料的进项税是否应该转出？

解析：因该批材料属于市场原因造成的正常降价损失，因此只需要按照实际销售价格计算销项税额即可，无须就降价损失部分转出进项税。

材料销售销项税额=90 × 13%=11.7（万元）

在实务中应注意因市场原因而形成的降价损失不属于非正常损失，其进项税额可以抵扣。

2.2.4 非正常损失的不动产、不动产在建工程，以及该不动产、不动产在建工程所耗用的购进货物、设计服务和建筑服务

纳税人新建、改建、扩建、修缮、装饰不动产，均属于不动产在建工程。

不动产耗用的购进货物，是指构成不动产实体的材料和设备，包括建筑装饰材料和给排水、采暖、卫生、通风、照明、通讯、煤气、消防、中央空调、电梯、电气、智能化楼宇设备及配套设施。

例2-4：易瑾地产（一般纳税人）某项目一期沿湖岸线已开发完成18套别墅、在建（停工）正负零20套别墅。根据《汉江市湖泊整治管理办法》规定，"湖泊水域线为湖泊最高控制水位；湖泊绿化用地线以湖泊水域线为基线，向外延伸不少于30米；湖泊外围控制范围以湖泊绿化用地线为基线，向岸上延伸不少于300米。湖泊水域和绿化用地除按照规划建设必要的市政公用设施外，禁止建设任何建筑物、构筑物"。当地政府要求公司限期予以拆除。

解析：该项目属于违反法律法规的违章建筑，因此已经抵扣的进项税额应予以转出，不能抵扣。

2.2.5 购进的贷款服务、餐饮服务和娱乐服务

一般意义上，餐饮服务和娱乐服务主要接受对象是个人。对于一般纳税人购买的餐饮服务和娱乐服务，难以准确地界定接受劳务的对象是企业还是

个人。因此，一般纳税人购进的餐饮服务和娱乐服务的进项税额不得从销项税额中抵扣。

2.3 固定资产、无形资产、不动产进项税额不能抵扣的特殊处理原则

固定资产、无形资产、不动产的进项税额抵扣原则与其他允许抵扣的项目相比有一定的特殊性，只有专项用于简易计税方法计税项目、免征增值税项目、集体福利或者个人消费的情形，才不允许抵扣进项税额。

对于同时用于允许抵扣项目和不允许抵扣项目情况的，其进项税额准予全部抵扣。原因是纳税人购进的固定资产、无形资产、不动产项目发生上述兼用情况的较多，且比例难以准确区分。如果按照对其它项目进项税额的一般处理原则办理，不具备可操作性。因此，选取了有利于纳税人的特殊处理原则。

例2-5：易瑾地产购进一批办公设备，取得的增值税专用发票上注明的进项税额为85 000元。该批设备属于行政部门的办公用设备。公司目前开发的项目既有简易计税项目，也有一般计税项目。请问该批办公设备的进项税额是否需要按比例转出进项税？

解析：该批办公设备属于固定资产，既用于允许抵扣项目，同时也用于不允许抵扣项目，比例无法准确划分，因此允许全额抵扣。

另外，还需要关注以下两点：

一是由于其他权益性无形资产涵盖面非常广，往往涉及纳税人生产经营的各个方面，没有具体使用对象。因此，将其从专用于简易计税方法计税项目、免征增值税项目、集体福利或者个人消费的购进的无形资产不得抵扣进项税额范围中剔除，即：纳税人购进其他权益性无形资产无论是专用于简易计税方法计税项目、免征增值税项目、集体福利或者个人消费，还是兼用于

上述不允许抵扣项目，均可以抵扣进项税额。

二是税法和会计准则对固定资产的标准存在差异。税法上的固定资产，是指使用期限超过 12 个月的机器、机械、运输工具以及其他与生产经营有关的设备、工具、器具等有形动产，不包括不动产和在建工程。

2.4 取得不动产、不动产在建工程
分期抵扣的税务处理

增值税一般纳税人 2016 年 5 月 1 日后取得并在会计制度上按固定资产核算的不动产，以及 2016 年 5 月 1 日后发生的不动产在建工程，其进项税额分两年从销项税额中抵扣，第一年抵扣比例为 60%，第二年抵扣比例为 40%。

取得不动产，包括以直接购买、接受捐赠、接受投资入股、自建以及抵债等各种形式取得不动产，不包括房地产开发企业自行开发的房地产项目。

例 2-6：易瑾地产于 2018 年 6 月 20 日在京州市购买三层写字楼，作为集团总部办公使用，计入固定资产，并于 2018 年 7 月开始计提折旧。6 月取得增值税专用发票，注明增值税额 2 200 万元。易瑾地产抵扣进项税额、纳税申报应如何处理？

解析：

购进不动产应该分期抵扣。

第一次抵扣，2018 年 6 月可以抵扣 60%。

本期购进不动产可抵扣进项税=2 200×60%=1 320（万元）

待抵扣进项税=2 200×40% = 880（万元）

2018 年 7 月申报期申报 10 月税款时，可将 2 200 万元进项税额全额填入《增值税纳税申报表（一般纳税人适用）》附列资料（五）"本期不动产进项税额增加额"栏次，并作为增加项计入"期末待抵扣不动产进项税额"栏次。将本期可以抵扣的 1 320 万元填入《增值税纳税申报表（一般纳税人适用）》附

列资料（五）"本期可抵扣不动产进项税额"栏次，并作为减少项计入"期末待抵扣不动产进项税额"栏次。同时，将1 320万元填入《增值税纳税申报表（一般纳税人适用）》附列资料（二）"本期不动产允许抵扣进项税额"栏次。

本期《增值税纳税申报表（一般纳税人适用）》附列资料（二）"本期不动产允许抵扣进项税额"栏次，所填税额作为增加项填入"当期申报抵扣进项税额合计"栏次，并进入主表中"进项税额——本月数"栏次。

会计处理：

借：固定资产   20 000万元

借：应交税金—应交增值税（进项税额）   1 320万元

应交税金—待抵扣进项税额   880万元

贷：银行存款   22 200万元

第二次抵扣，2019年6月可以抵扣剩余的40%

2019年7月申报6月份所属期增值税时，待抵扣的880万元进项税额填入《增值税纳税申报表（一般纳税人适用）》附列资料（五）"本期可抵扣不动产进项税额"栏次，并作为减少项填入"期末待抵扣不动产进项税额"栏次。同时填入《增值税纳税申报表（一般纳税人适用）》附列资料（二）"本期不动产允许抵扣进项税额"栏次，所填税额作为增加项填入"当期申报抵扣进项税额合计"栏次，并进入主表"进项税额——本月数"栏次。

会计处理：

借：应交税金—应交增值税（进项税额）   880万元

贷：应交税金—待抵扣进项税额   880万元

在实务中需要关注以下两点：

一是房地产开发企业自行开发的地产项目，虽然也属于不动产，但是不适用分两年抵扣的规定。原因是地产项目属于地产企业生产出来并用于销售的产品和作为固定资产管理的不动产性质不同，因此政策允许一次性抵扣。

二是房地产开发企业2016年5月1日后购进货物、设计服务、建筑服务，用于改建、扩建、修缮、装饰不动产并增加不动产原值超过50%的，其进项税额也必须分两年抵扣。

不动产原值，是指取得不动产时的购置原价或作价。

购进货物，是指构成不动产实体的材料和设备，包括建筑装饰材料和给排水、采暖、卫生、通风、照明、通讯、煤气、消防、中央空调、电梯、电气、智能化楼宇设备及配套设施。营改增这样规定的原因在于和财税〔2009〕113号文件的衔接，该文件明确规定，建筑物或构筑物上的给排水、采暖、卫生、通风、照明、通讯、煤气、消防、中央空调、电梯、电气、智能化楼宇设备和配套设施，都属于以建筑物或者构筑物为载体的附属设备和配套设施，无论会计上是否单独核算，均应作为建筑物或者构筑物的组成部分。

例2-7：易瑾地产2017年3月开始对现有办公楼进行改建，8月完工。该大楼原值5 000万元，改建支出3 600万元，其中，2017年7月购买三部电梯，取得增值税专用发票注明的进项税额为20.40万元，财务人员将电梯单独作为一项固定资产进行核算，并在8月申报7月税款时进行了抵扣。2017年10月税务稽查局检查时，要求公司分两年进行抵扣。请对该公司抵扣税额情况加以分析。

解析：

1. 改建支出占办公楼原值的比例=3 600/5 000×100%=72%，超过办公楼原值的50%。

2. 2017年8月办公楼改建完成，根据《国家税务总局关于企业所得税若干问题的公告》（国家税务总局公告2011年第34号）第四条规定，企业对房屋、建筑物固定资产在未足额提取折旧前进行改扩建的，如属于推倒重置的，该资产原值减除提取折旧后的净值，应并入重置后的固定资产计税成本，并在该固定资产投入使用后的次月起，按照税法规定的折旧年限，一并计提折旧；如属于提升功能、增加面积的，该固定资产的改扩建支出，并入该固定资产计税基础，并从改扩建完工投入使用后的次月起，重新按税法规定的该固定资产折旧年限计提折旧，如该改扩建后的固定资产尚可使用的年限低于税法规定的最低年限的，可以按尚可使用的年限计提折旧。

2017年8月可以抵扣进项税=20.40万元×60%=12.24（万元）

转入待抵扣进项税=20.40万元×40%=8.16（万元）

2019年4月1日之后，新购进的不动产不需要再按两年分期抵扣，可以在购进当期一次性抵扣。

2.5 购进建筑服务选择简易计税还是一般计税

建筑安装成本是房地产开发企业的主要成本支出，营改增后由于建筑企业的实际税负较营业税下有所增加，因此政策允许建筑企业采取简易计税和一般计税两种方式。

简易计税是指按照销售额与征收率的乘积计算应纳税额，一般适用于小规模纳税人。一般纳税人发生财政部和国家税务总局规定的特定应税行为，也可以选择适用简易计税方法计税。但是，需要注意的是，一经选择，36个月内不得变更。

一般计税是按照销项税额减去进项税额的差额计算应纳税额，适用于增值税一般纳税人。

2.5.1 建筑服务征税范围

建筑服务，是指各类建筑物、构筑物及其附属设施的建造、修缮、装饰，线路、管道、设备、设施等的安装以及其他工程作业的业务活动。包括工程服务、安装服务、修缮服务、装饰服务和其他建筑服务。

1. 工程服务

工程服务，是指新建、改建各种建筑物、构筑物的工程作业，包括与建筑物相连的各种设备或者支柱、操作平台的安装或者装设工程作业，以及各种窑炉和金属结构工程作业。

2. 安装服务

安装服务，是指生产设备、动力设备、起重设备、运输设备、传动设备、医疗实验设备以及其他各种设备、设施的装配、安置工程作业，包括与被安装设备相连的工作台、梯子、栏杆的装设工程作业，以及被安装设备的绝缘、防腐、保温、油漆等工程作业。

固定电话、有线电视、宽带、水、电、燃气、暖气等经营者向用户收取的安装费、初装费、开户费、扩容费以及类似收费，按照安装服务缴纳增值税。

3. 修缮服务

修缮服务，是指对建筑物、构筑物进行修补、加固、养护、改善，使之恢复原来的使用价值或者延长其使用期限的工程作业。

4. 装饰服务

装饰服务，是指对建筑物、构筑物进行修饰装修，使之美观或者具有特定用途的工程作业。

5. 其他建筑服务

其他建筑服务，是指上列工程作业之外的各种工程作业服务，如钻井（打井）、拆除建筑物或者构筑物、平整土地、园林绿化、疏浚（不包括航道疏浚）、建筑物平移、搭脚手架、爆破、矿山穿孔、表面附着物（包括岩层、土层、沙层等）剥离和清理等工程作业。

2.5.2 建筑服务可以选择适用简易计税的三种情形

目前建筑企业一般纳税人提供的建筑服务，有以下三种情形可以选择适用简易计税。

1. 为建筑工程老项目提供的建筑服务

建筑工程老项目是指以下三种情形：

《建筑工程施工许可证》注明的合同开工日期在 2016 年 4 月 30 日前的建筑工程项目；

未取得《建筑工程施工许可证》的，建筑工程承包合同注明的开工日期在 2016 年 4 月 30 日前的建筑工程项目。

《建筑工程施工许可证》未注明合同开工日期，但建筑工程承包合同注明的开工日期在 2016 年 4 月 30 日前的建筑工程项目。

税务机关判定地产项目是否为老项目的首要标准是《建筑工程施工许可证》，原因是税务机关可以通过第三方信息直接加以印证。根据《建筑工程施工许可管理办法》（中华人民共和国住房和城乡建设部令第 18 号）规定，在中华人民共和国境内从事各类房屋建筑及其附属设施的建造、装修装饰和与其配套的线路、管道、设备的安装，以及城镇市政基础设施工程的施工，建设单位在开工前应当向工程所在地的县级以上地方人民政府住房城乡建设主管部门申请领取施工许可证。

如果《建筑工程施工许可证》上未注明的，可以依据建筑工程承包合同注明的开工日期为准。原因是 2014 年 10 月 25 日，住建部发布了新版施工许可证，取消了注明开工日期的规定。2016 年 4 月 30 日前开工的建筑工程老项目，既可能使用的是新版许可证，也可能使用的旧版许可证。

2. 为甲供工程提供的建筑服务

甲供工程，是指全部或部分设备、材料、动力由工程发包方自行采购的建筑工程，即建筑企业可能采购部分设备、材料、动力，也可能完全不采购设备、材料、动力。如果施工方完全不采购设备、材料、动力，只提供纯劳务的建筑服务，则建筑企业几乎没有用以抵扣的进项税额。因此，允许建筑企业选择简易计税。

在实务中许多企业比较困惑的是，到底甲供材料占多大比例才符合甲供工程。这一点，政策并没有明确规定，只要存在甲供材料，无论金额大小，都可以选择简易计税。政策之所以允许这样操作，目的就是为了保证建筑企业营改增后的税负稳定。

需要注意的是，建筑企业为甲供工程提供建筑服务取得的全部价款和价外费用的确定原则，与营业税不同。营业税下，建筑企业提供建筑劳务（不含装饰劳务）的营业额应当包括工程所用原材料、设备（不包括建设方提供的设备）及其他物资和动力价款在内，即营业税计税依据既包括发包方支付的工程款，也包括建设方提供的材料价款。

例 2-8：易瑾地产委托甲建筑公司承建京州市××楼盘，假设工程总承包合同为1 000万元，其中甲供材料200万元。请分别计算营业税下和营改增后甲建筑公司的计税依据。

解析：

1. 根据营业税政策规定，无论甲公司会计如何核算，计税依据都包括甲供材料。因此，营业税下甲公司营业税计税依据为1 000万元。

2. 增值税下，甲公司的计税依据仅包括建设方支付的工程款，即800万元（1 000万元-200万元）。

3. 以清包工方式提供的建筑服务

清包工，是指施工方不采购建筑工程所需的材料或只采购辅助材料，并收取人工费、管理费或者其他费用的建筑服务。由于在清包工条件下建筑企业的主要成本为人工成本，几乎没有抵扣项，因此，允许建筑企业选择简易计税。

2.5.3　建筑服务必须适用简易计税的一种情形

建筑服务除了三种可以选择适用简易计税的情形，还有一种必须适用简易计税的情形，即建筑工程总承包单位为房屋建筑的地基与基础、主体结构提供工程服务，建设单位自行采购全部或部分钢材、混凝土、砌体材料、预制构件的，必须适用简易计税方法计税。

在实务中需要注意以下几点：

一是这里讲的是适用简易计税而不是选择适用，原因是建设单位将建设工程涉及的主要材料全部或部分采取了甲供方式，建筑企业的可抵扣项大大减少，选择适用简易计税的空间已很小，或者说基本不会选择简易计税。因此，政策直接规定建筑企业适用简易计税。这也从侧面说明，营改增后建筑企业的税负应该有所上升。

二是建设单位采购材料范围采取了正列举方式，包括钢材、混凝土、砌体材料、预制构件四种，只要提供其中一种就可以。

三是只有建筑工程总承包单位可以直接适用简易计税，不适用于分包单位。

四是地基与基础、主体结构的范围，按照《建筑工程施工质量验收统一标准》（GB50300-2013）附录 B《建筑工程的分部工程、分项工程划分》中的"地基与基础""主体结构"分部工程的范围执行，详见表2-8。

表2-8　分部工程、分项工程范围

分部工程	子分部工程	分项工程
地基与基础	地基	素土、灰土地基、砂和砂石地基、土工合成材料地基、粉煤灰地基、强夯地基、注浆地基、预压地基、砂石桩复合地基、高压旋喷注浆地基、水泥土搅拌桩地基、土和灰土挤密桩复合地基、水泥粉煤灰碎石桩复合地基、夯实水泥土桩复合地基
	基础	无筋扩展基础、钢筋混凝土扩展基础、筏形与箱型基础、钢结构基础、钢管混凝土结构基础、型钢混凝土结构基础、钢筋混凝土预制桩基础、泥浆护壁成孔灌注桩基础、干作业成孔桩基础、长螺旋钻孔压灌桩基础、沉管灌注桩基础、钢桩基础、锚杆静压桩基础、岩石锚杆基础、沉井与沉箱基础
	基坑支护	灌注桩排桩围护墙、板桩围护墙、咬合桩围护墙、型钢水泥土搅拌墙、土钉墙、地下连续墙、水泥土重力式挡墙、内支墙、锚杆、与主体结构相结合的基坑支护
	地下水控制	降水与排水、回灌
	土方	土方开挖、土方回填、场地平整
	边坡	喷锚支护、挡土墙、边坡开挖
	地下防水	主体结构防水、细部结构防水、特殊施工法结构防水、排水、注浆
主体结构	混凝土结构	模板、钢筋、混凝土、预应力、现浇结构、装配式结构
	砌体结构	砖砌体、混凝土小型空心砌块砌体、石砌体、配筋砌体、填充墙砌体
	钢结构	钢结构焊接、紧固件连接、钢零部件加工、钢构件组装及预拼装、单层钢结构安装、多层及高层钢结构安装、钢管结构安装、预应力钢索和膜结构、压型金属板、防腐涂料涂装、防火涂料涂装
	钢管混凝土结构	构件现场拼装、构件安装、钢管焊接、构件连接、钢管内钢筋骨架、混凝土
	型钢混凝土结构	型钢焊接、紧固件连接、型钢与钢筋连接、型钢构件组装及预拼装、型钢安装、模板、混凝土
	铝合金结构	铝合金焊接、紧固件连接、铝合金零部件加工、铝合金构件组装、铝合金构件预拼装、铝合金框架结构安装、铝合金空间网格结构安装、铝合金面板、铝合金幕墙结构安装、防腐处理
	木结构	方木与原木结构、胶合木结构、轻型木结构、木结构的防护

2.5.4　采购建筑服务选择哪种方式更有利

营改增后，房地产企业和建筑企业的一般纳税人的适用税率都是 9%，而购进材料、设备的进项税率一般都是 13%，所以双方都希望主导设备、材料的采购，认为这样操作可以尽可能多地抵扣进项税额，实现低征高扣，达到企业自身税负的降低。

其实，低征高扣是一个伪命题。增值税属于价外税，无论是建筑企业还是地产企业都属于纳税人，不是真正的负税人，最终的负税人为最终消费者，例如商品住宅的个人购买者。在充分竞争的市场上，建筑企业作为理性的经济人是不可能赔钱提供建筑服务的。在地产企业采取甲供的情形下，建筑企业无论按照一般计税方式还是按照简易计税方式与地产企业结算，建筑企业提供建筑服务的不含税价格都是不会变的。

例2-9：易瑾地产××楼盘销售收入为1 200万元，由甲公司提供建筑服务，合同价为800万元，同时易瑾地产提供部分主要材料，价格为200万元。假设甲公司没有可以抵扣的进项税额。请分别解析甲公司采用简易计税和一般计税情况，对增值税税负以及对易瑾地产净利润的影响。

解析：无论甲建筑公司采用简易计税还是一般计税，只要易瑾地产与甲公司以及其合同不含税价格不变，整个链条负担的增值税是一致的，最终都由购房者承担。易瑾地产的净利润也没有发生变化。两种计税方式对比情况详见表2-9。

表2-9 两计税方式下税负及净利润对比

事　项	甲公司选择简易计税	甲公司选择一般计税
甲应纳增值税（1）	800×3%=24万元	800×9%=72万元
易瑾应纳增值税（2）	1 200×9%-（800×3%+200×13%）=58万元	1 200×9%-（800×9%+200×13%）=10万元
（1）+（2）	24+58=82万元	80+10=90万元
易瑾地产净利润	1 200-800-200=200万元	1 200-800-200=200万元

例2-10：续前例。假设材料由甲公司采购，易瑾地产与甲公司的合同价款为1 000万元。请解析计算增值税税负以及对易瑾地产净利润的影响。

解析：如果材料全部由甲公司采购，甲公司只能采取一般计税方式。此方式下各方增值税税负及易瑾地产净利润详见表2-10。

表 2-10　建筑公司采购材料下的税负及净利润对比

事　项	甲公司采用一般计税
甲应纳增值税（1）	$1\,000×9\%-200×13\%=64$ 万元
易瑾应纳增值税（2）	$1\,200×9\%-1\,000×9\%=18$ 万元
（1）+（2）	$64+18=82$ 万元
易瑾净利润	$1\,200-1\,000=200$ 万元

通过上述案例可以看出，地产企业采购建筑服务，从理论上来说，选择简易计税和一般计税对税负没有实质影响。但是由于营改增抵扣链条机制还不尽完善，同时各家企业的管理水平也存在差异，因此对营改增政策把握占据优势地位的企业可以利用这种优势，在双方交易的谈判当中将其转化为价格优势，从而获得有利于自身的采购价格。

地产企业采购建筑服务是否采用甲供材料方式，应该在综合评估各种影响因素后作出判断，不应仅仅考虑税率因素。

实务中，赞同采取甲供材料方式的企业，主要认为甲供材料有两个优点：一是质量有保障，二是节省的材料差价可以降低工程成本。但是，地产企业也应该看到，采取甲供材料也存在以下问题：

一是资金占用大。

如果材料全部由建筑企业采购，则建筑企业需要先垫付资金。

二是如果甲供材料出现质量问题，地产企业需要承担过错责任。

根据《最高人民法院关于审理建设工程施工合同纠纷案件适用法律问题的解释》（法释〔2004〕14号）规定，发包人提供或者指定购买的建筑材料、建筑构配件、设备不符合强制性标准，造成建设工程质量缺陷，应当承担过错责任。

三是加大房地产企业的管理成本。

房地产企业提供材料的时间节点需要和建筑企业进行有效对接，否则可能存在窝工情形。房地产企业还需要租赁仓库、聘请专人对材料进行管理。此外还需要加强材料采购的内控管理，避免业务人员吃回扣等等。

因此，从经济和管理角度考虑，除房地产老项目外，一般计税方式可能更有利于房地产企业。其中，纳税人提供建筑服务，被工程发包方从应支付的工程款中扣押质押金、保证金未开具发票的，以纳税人实际收到质押金、保证金的当天为纳税义务发生时间。

2.6 扣押建筑企业的质押金、保证金的税务处理

确定增值税纳税义务发生时间有一个特殊原则，即无论纳税人是否收款，无论采取何种结算方式，只要纳税人先开具发票的，纳税义务发生时间即为开具发票的当天。原因是，增值税实行凭票抵扣制度，购买方在取得增值税专用发票后，即使未实际支付款项，也可以抵扣进项税款。而如果销售方的纳税义务发生时间还按照收讫销售款项或者取得索取销售款项凭据的当天的话，就会造成税款征收上的脱节，即销售方尚未纳税，购买方已经进行抵扣了。

房地产企业在项目开发过程中，与建筑企业按期进行工程结算时，一般都会扣押建筑企业的质押金或者保证金。对于建筑企业而言，这一部分产生的税负也是很大的，没有收到款项，却要纳税。因此，营改增后，为降低建筑企业资金压力，对纳税人提供建筑服务，被工程发包方从应支付的工程款中扣押的质押金、保证金，未开具发票的，明确以纳税人实际收到质押金、保证金的当天为纳税义务发生时间。

这一点对于建筑企业是利好，但对于房地产开发企业而言就需要预防潜在的税务风险。

1. 企业所得税

房地产开发企业开发的产品，一是销售，二是转为固定资产自用。

对于用于销售的开发产品，现行政策允许预提部分成本，即出包工程未最终办理结算而未取得全额发票的，在证明资料充分的前提下，其发票不足金额可以预提，但最高不得超过合同总金额的 10%。

但是，转为固定资产自用的开发产品就存在潜在税务风险。《国家税务总局关于贯彻落实企业所得税法若干税收问题的通知》（国税函〔2010〕79号）规定，企业固定资产投入使用后，由于工程款项尚未结清未取得全额发票的，可暂按合同规定的金额计入固定资产计税基础计提折旧，待发票取得后进行调整。但该项调整应在固定资产投入使用后12个月内进行。也就是说，如果12个月内未取得发票，暂估部分对应的固定资产折旧就不允许计提。

例2-11：易瑾地产自行开发的写字楼于2017年12月转为固定资产，该楼成本6 000万元，其中，扣留施工方质保金300万元尚未取得发票。请分析应如何计税。

解析：假设该楼按30年计提折旧（不预留残值），2018年度计提折旧200万元。如果2018年12月施工方仍未给易瑾地产开具发票，易瑾地产在2018年度需要将300万元对应的折旧10万元进行纳税调增，不允许在企业所得税前扣除。

2. 土地增值税

房地产开发企业办理土地增值税清算时，除另有规定外，如果扣除房地产开发成本，须提供合法有效凭证，不能提供合法有效凭证的，不予扣除。对于工程质量保证金，《国家税务总局关于土地增值税清算有关问题的通知》(国税函〔2010〕220号)第二条明确规定，房地产开发企业在工程竣工验收后，根据合同约定，扣留建筑安装施工企业一定比例的工程款，作为开发项目的质量保证金，在计算土地增值税时，建筑安装施工企业就质量保证金对房地产开发企业开具发票的，按发票所载金额予以扣除；未开具发票的，扣留的质保金不得计算扣除。

因此，在土地增值税清算时，扣押的质保金如果没有取得发票是不能扣除的。

在实务中，房地产开发企业可以和建筑安装施工企业进行沟通，将质押金、质保金部分涉及的增值税款先行支付给建筑安装施工企业并开具发票，以避免税务风险。具体开具发票时间可根据地产项目实际情况确定，如果开发项目转为固定资产，可以要求建筑企业在项目结转固定资产的12个月内开具。如果项目用于销售，可以要求建筑企业在项目办理土地增值税清算前开具。

2.7 购进商品或服务选择小规模纳税人还是一般纳税人

增值税纳税人包括小规模纳税人和一般纳税人。小规模纳税人既可以开具增值税普通发票，也可以开具增值税专用发票。如果开具增值税专用发票，征收率为3%，同时不能再享受小微企业免税优惠。

现行政策规定，小规模纳税人发生增值税应税销售行为，合计月销售额未超过10万元（按季末超过30万元，下同）的免征增值税。小规模纳税人发生增值税应税销售行为，合计月销售额超过10万元，但扣除本期发生的销售不动产的销售额后未超过10万元的，其销售货物、劳务、服务、无形资产取得的销售额免征增值税。

例2-12：欣荣建筑系小规模纳税人，同时还销售建筑材料。2019年1月取得建筑服务收入2万元，取得销售货物收入3万元。2月取得建筑服务收入3万元。3月取得建筑服务收入2万元，取得销售货物收入12万元。请分析该公司第一季度计缴增值税情况。

解析：欣荣公司第一季度取得建筑服务收入7万元，三季度取得销售货物收入15万元，合计22万元，未超过30万元标准，免征增值税。

房地产开发企业向小规模纳税人还是一般纳税人采购，需要关注两点：

一是在不含税采购价格相同的情形下，单纯从税收角度考虑，向一般纳税人还是小规模纳税人采购都可以。向小规模纳税人采购，还可以获取少支付增值税进项税款部分资金方面的时间优势。对于资金比较紧张的企业而言，可以优先选择向小规模纳税人采购。两者的采购比价表详见表2-11。

表 2-11　一般纳税人和小规模纳税人采购比价

一般纳税人发票抵扣税率	小规模纳税人发票抵扣税率	一般纳税人总价	小规模纳税人总价	总价折扣
m	n	A	b=a×（1+n）÷（1+m）	b/a
13%	3%	113	103	91.15%
9%	3%	109	103	94.50%
6%	3%	106	103	97.17%

例 2-13：易瑾地产 2019 年 5 月需要采购一批办公设备，一般纳税人 A 含税报价为 113 万元。经查询公司供应商库，小规模纳税人 B 也可以提供同类设备。请问 B 至少优惠多少才能向 B 采购（B 可以开具增值税专用发票）？

解析：如果采购的办公设备质量和后续质保等条件相同，向小规模纳税人采购的前提是不含税价格不能高于一般纳税人。

A 公司含税价格=100×（1+13%）=113（万元）

B 公司含税价格上限=113×（1+3%）÷(1+13%)=103（万元）

折扣率=103÷113=91.15%

不含税价=103÷（1+3%）=100（万元）

二是如果小规模纳税人不能开具增值税专用发票，但在其他条件与一般纳税人相同的情形下，由于向小规模纳税人采购没有进项税额，需要根据测算结果进行采购决策。两者的采购比价表详见表 2-12。

表 2-12　一般纳税人和小规模纳税人采购比价

一般纳税人发票抵扣税率	小规模纳税人发票抵扣税率	一般纳税人总价	小规模纳税人总价	总价折扣
m	n	a	b=a×（1+n）/（1+m）	b/a
13%	0%	113	100	88.50%
9%	0%	109	100	91.74%
6%	0%	106	100	94.34%

例 2-14：易瑾地产 2019 年 5 月需要采购一批办公设备，一般纳税人 A 含税报价为 11.3 万元。经查询公司供应商库，小规模纳税人 B 也可以提供同类设备，但 B 不能开具增值税专用发票。请问 B 至少优惠多少才能向 B 采购？

解析：

A公司含税价格=10×（1+13%）=11.3（万元）

B公司含税价格上限=11.3×（1+0%）÷(1+13%)=10（万元）

折扣率=10÷11.3=88.50%

2.8　支付境外设计费须代扣代缴增值税

确定一项经济行为是否需要缴纳增值税，根据《财政部国家税务总局关于全面推开营业税改征增值税试点的通知》（财税〔2016〕36号），除另有规定外，一般应同时具备以下四个条件：①应税行为发生在中华人民共和国境内；②应税行为属于税目注释范围内的业务活动；③应税服务是为他人提供的；④应税行为是有偿的。

2.8.1　支付境外设计费符合征收增值税的四个条件

营改增后，房地产开发企业委托境外公司提供设计服务，完全符合上述四个条件，地产企业应该代扣代缴增值税。

1. 应税行为发生在境内

应税行为发生在境内，我国政府才具有征税权，否则不能征税，这是根据我国政府的管辖权限确定的。财政部、国家税务总局财税〔2016〕36号明确，服务（租赁不动产除外）或者无形资产（自然资源使用权除外）的销售方或者购买方在境内的，就属于在境内销售服务、无形资产。也就是说，服务的销售方或者接受方，只要有一方在境内，就判定应税行为发生在境内。

境外设计方（销售方）虽然在境外，但是设计服务的接受方（房地产开发企业）在境内，因此，委托境外进行工程设计的应税行为属于发生在境内的应税行为。

2. 应税行为属于税目注释范围内的业务活动

根据财政部、国家税务总局财税〔2016〕36号文件的税目注释，设计服务，是指把计划、规划、设想通过文字、语言、图画、声音、视觉等形式传递出来的业务活动，包括环境设计、平面设计、工程设计、创意策划等。设计服务属于现代服务业中的"文化创意服务"。

3. 应税服务是为他人提供的

应税服务必须是为他人提供的，即应税服务的提供对象必须是其他单位或者个人，不是自己，自我服务不征税。

4. 应税行为是有偿的

这里需要强调的是，有偿包括取得货币、货物或者其他经济利益。其他经济利益是指非货币、货物形式的收益，包括固定资产、生物资产、无形资产、股权投资、存货、不准备持有至到期的债券投资、服务以及有关权益等。

例2-15：易瑾地产委托A建筑公司建造某楼盘，易瑾地产因资金紧张，经与A公司协商以10套房子抵偿部分工程款。请问易瑾地产和A公司应就这一交易缴纳增值税吗？

解析：易瑾地产用10套房子作为对价换取了A建筑公司的建筑服务，尽管双方没有通过货币资金结算，但双方都取得了经济利益，都应该缴纳增值税。

2.8.2 如何代扣代缴增值税

1. 营改增对扣缴义务人的规定

营改增后，取消了代理人扣缴增值税的规定。原因是代理人的概念不清，购买方对境外销售方是否有境内代理人或者境内代理人是否已扣缴税款的情况不清楚。如果出现未扣缴税款的情形，在法律责任的界定上容易产生税企争议。因此，财政部、国家税务总局财税〔2016〕36号文件直接明确，中华人民共和国境外单位或者个人在境内发生应税行为，在境内未设有经营机构的，以购买方为增值税扣缴义务人。

房地产开发企业作为设计服务的购买方，应履行代扣代缴义务。

2. 扣缴税额的计算

应扣缴税额=购买方支付的价款÷（1+税率）×税率

需要注意的是，按照上述公式计算应扣缴税额时，购买方无论是一般纳税人还是小规模纳税人，无论对外支付设计费是否超过500万元（一般纳税人标准），一律按照境外单位或者个人发生应税行为的适用税率予以计算。应税行为的适用税率为：销售不动产、不动产租赁服务、土地使用权、运输服务、基础电信服务和邮政服务，税率9%；有形动产租赁服务，税率13%；其他应税行为，税率6%。

设计服务适用6%的税率。

例2-16：易瑾地产委托香港A建筑设计公司为某项目提供工程设计服务，支付设计费309万元。易瑾地产税务人员计算应扣缴增值税9万元，请问扣缴税款是否正确？

解析：因为支付给香港A公司的设计费小于500万元的标准，所以易瑾地产税务人员按小规模纳税人的征收率3%计算了应扣缴扣款。其实无论支付的款项是否超过一般纳税人认定标准，根据税收法规规定都应该按照适用税率6%计算应扣缴税款。

应扣缴税款=309÷（1+6%）×6%=17.49（万元）

在实务中，房地产开发企业委托境外设计公司提供设计服务时，存在合同约定各项税款全部由房地产开发企业承担的情形，计算扣缴税款时需要将不含税收入换算为含税收入。

例2-17：易瑾地产委托香港A建筑设计公司为某项目提供工程设计服务，该设计服务完全发生在境外，合同价款为99.28万元（不含税），合同约定各项税款应由易瑾地产承担。请问如何计算应扣缴的增值税及附加税（假设地方附加税费共计12%）。

解析：由于增值税为价外税，而地方附加税费为价内税，因此，在换算含税所得额时，应使用以下公式：

含税所得=不含税所得÷（1-所得税税率-增值税税率×12%）

该设计服务完全发生在境外，不构成大陆常设机构，不需扣缴所得税。

含税所得=99.28÷（1-0%-6%×12%）=100（万元）

扣缴增值税=100×6%=6（万元）

扣缴附加税费=6×12%=0.72（万元）

折算后包含各种税款的合同总价款=99.28+6+0.72=106（万元）

3. 扣缴的税款能否抵扣

房地产开发企业取得的解缴税款的完税凭证上注明的增值税额，可以从销项税额中抵扣。

4. 扣缴义务发生时间

扣缴义务发生时间为纳税人增值税纳税义务发生的当天，房地产开发企业应当向其机构所在地主管税务机关申报缴纳扣缴的税款。

2.9 支付境外设计费是否缴纳企业所得税

是否属于来源于中国境内的劳务所得，是判断是否缴纳企业所得税的重要依据。

2.9.1 居民和非居民的定义

2008 年 1 月 1 日施行的《中华人民共和国企业所得税法》（以下简称《企业所得税法》）首次对非居民的概念及征税原则作出明确规定，同时对所得来源地判定标准、所得税性质的界定、实际联系、源泉扣缴等作了具体规定，从而构建了我国对非居民企业征收所得税的基本法律和政策框架。

居民企业，是指依法在中国境内成立，或者依照外国（地区）法律成立但实际管理机构在中国境内的企业。

非居民企业，是指依照外国（地区）法律成立且实际管理机构不在中国境内，但在中国境内设立机构、场所的，或者在中国境内未设立机构、场所的，但又来源于中国境内所得的企业。

2.9.2 对非居民征收企业所得税的判定原则

非居民企业在中国境内设立机构、场所的，应当就其所设机构、场所取得的来源于中国境内的所得，以及发生在中国境外但与其所设机构、场所有实际联系的所得，缴纳企业所得税。非居民企业在中国境内未设立机构、场所的，或者虽设立机构、场所但取得的所得与其所设机构、场所没有实际联系的，应当就其来源于中国境内的所得缴纳企业所得税。

《中华人民共和国企业所得税法实施细则》第七条明确了来源于中国境内、境外所得的判定原则：对于销售货物所得，按照交易活动发生地确定；对于提供劳务所得，按照劳务发生地确定。

因此，如果境外设计公司提供建筑工程设计、规划服务时，均在境外完成，没有人员来华，就不属于来源于中国境内所得，不需缴纳企业所得税。

例2-18：续前例。请问易瑾地产是否需要扣缴境外设计公司的所得税？

解析：由于境外公司的设计服务完全发生在境外，按照劳务发生地原则判定，不需要征收企业所得税。

在实务中，如果境外设计公司提供设计服务时，涉及境内服务的，例如设计开始前派员到境内项目现场进行现场勘察、收集资料等；设计完成后，派员到境内沟通、解释设计方案、设计图纸；项目实施过程中，派员到项目现场对施工过程进行监督管理、技术指导。这种情形下，境外设计公司有可能被判定为在中国境内设有机构、场所，对其境内劳务所得应该征收企业所得税。

需要注意的是，如果判定需要就境内劳务征收企业所得税，而委托合同中没有明确境内、境外服务费，或者不能提供证明文件，明确划分境内、境外劳务的，有可能会被全额计算征收企业所得税。因此，企业最好在合同中对境内、境外部分予以明确区分，以避免不必要的税企纠纷。

2.9.3 对境外设计服务如何判定特许权使用费和劳务所得

劳务费和特许权使用费性质的认定和划分是一个在实务中长期困扰税企

双方的问题。劳务所得需要区分来源地，从而判定是否缴纳所得税，而特许权使用费直接征收所得税。因此，在实务中，会出现部分企业将特许权使用费解释为劳务费，或者合同形式上表现为劳务费规避缴纳所得税，但被税务机关进行纳税调整的案例。

在服务合同中，如果服务提供方提供服务过程中使用了某些专门知识和技术，但并不转让或许可这些技术，则此类服务不属于特许权使用费范围。但如果服务提供方提供服务形成的成果属于税收协定特许权使用费定义范围，并且服务提供方仍保有该项成果的所有权，服务接受方对此成果仅有使用权，则此类服务产生的所得，适用税收协定特许权使用费条款的规定。

例2-19：易瑾地产在京州东丽开发区拟开发建设温泉度假酒店，与香港A公司签订了技术服务协议，合同约定：A公司向易瑾地产提供酒店技术标准、设计标准，并要求易瑾地产对所有资料保密，酒店建设完成后，所有资料返还A公司。请判定该项技术服务属于技术服务还是特许权使用费。

解析：判定一项行为如何进行税务处理，关键是看合同实质。该合同实质就是技术资料信息许可，并规定了限制和保密条款，应该按照特许权使用费征税。

2.9.4 对非居民企业所得税扣缴义务人的规定

企业所得税和增值税的扣缴义务人的规定存在差异，尤其是随着改革的深入推进，为优化非居民企业所得税服务和管理，完善非居民企业所得税源泉扣缴的相关制度，国家税务总局发布了《国家税务总局关于非居民企业所得税源泉扣缴有关问题的公告》（税务总局公告 2017 年第 37 号）。该公告的一个主要目的就是便利扣缴义务人履行义务，减轻扣缴义务人的遵从责任。但同时，对企业的税务管理也提出了更高要求。企业对此税务风险应予以充分关注。

《企业所得税法》第三十七条规定，非居民企业在中国境内未设立机构、场所，或者虽设立机构、场所但取得的所得与其所设机构、场所没有实际联系的，对其取得的所得实行源泉扣缴，以支付人为扣缴义务人。税款由扣缴义务人在每次支付或者到期应支付时，从支付或者到期应支付的款项中扣缴。

对于按照《企业所得税法》第三十七条规定应当扣缴的所得税，扣缴义务人未依法扣缴或者无法履行扣缴义务的，取得所得的非居民企业应当向所得发生地主管税务机关申报缴纳未扣缴税款；非居民企业未按规定申报缴纳税款的，税务机关可以责令限期缴纳，非居民企业应当按照税务机关确定的期限申报缴纳税款。非居民企业在税务机关责令限期缴纳前自行申报缴纳税款的，视为已按期缴纳税款。

也就是说，对非居民企业所得税源泉扣缴，现行政策允许采取三种方式：支付人代扣代缴、非居民企业自行申报缴纳、税务机关责令非居民限期缴纳。

按照《企业所得税法》第三十七条规定应当扣缴的税款，扣缴义务人应扣未扣的，由扣缴义务人所在地主管税务机关依照《中华人民共和国行政处罚法》第二十三条规定责令扣缴义务人补扣税款，并依法追究扣缴义务人的责任。

扣缴义务人每次代扣的税款，应当自代扣之日起七日内缴入国库，并向所在地的税务机关报送扣缴企业所得税报告表。

2.10　各种合同约定税款负担方式下如何计算应扣缴的税款

营改增后，在涉及境内劳务征收企业所得税的情形下，因交易双方合同约定的税款承担方不同，使计算扣缴企业所得税、增值税及附加税费时变得更为复杂。

《关于非居民企业所得税源泉扣缴有关问题的公告》（国家税务总局公告2017 年第 37 号）第六条规定，扣缴义务人与非居民企业签订与《企业所得税法》第三条第三款规定所得项目有关的业务合同时，凡合同中约定由扣缴义务人实际承担应纳税款的，应将非居民企业取得的不含税所得换算为含税所得计算并解缴应扣税款。《企业所得税法》第三条第三款规定：非居民企业在中国境内未设立机构、场所的，或者虽设立机构、场所但取得的所得与其所设机构、场所没有实际联系的，应当就其来源于中国境内的所得缴纳企业所得税。

因税费承担主体不同，共有六种情形，各情形下计税基数的计算公式详见表2-13。

表2-13　六种情形下扣缴税款的计算公式

情形	外方承担的税费			计 算 公 式
	所得税	增值税	附加	
1	√	√	√	计税基数 = 合同金额÷(1+增值税税率)
2	×	×	×	计税基数 = 合同金额÷(1-预提所得税税率-增值税税率×附加税税率)
3	√	√	×	计税基数 = 合同金额÷（1-增值税税率×附加税税率+增值税税率），此情形不常见
4	√	×	×	计税基数 = 合同金额÷(1-增值税税率×附加税税率)
5	×	√	√	计税基数 = 合同金额÷(1-预提所得税税率+增值税税率)
6	×	×	√	计税基数 = 合同金额÷(1-预提所得税税率)

注：√表示外方承担该税项。×表示外方不承担该税项。

现就表2-13中的情形2、情形4、情形5分别作以下说明。

1. 境外设计公司不负担任何税费

境外设计公司不负担任何税款，即表2-13中的情形2，在计算计税基数时重点关注预提所得税和附加税费是价内税的还原问题。

例2-19：易瑾地产委托香港A建筑设计公司为某项目提供工程设计服务，该设计服务部分在境内完成。根据《企业所得税法》和《内地和香港特别行政区关于对所得避免双重征税和防止偷漏税的安排》规定，由于劳务活动持续时间超过6个月以上，在内地构成常设机构，应按常设机构征收所得税。合同价款为842.26万元，合同约定各项税款应由易瑾地产承担。如何计算应扣缴的企业所得税、增值税及附加（假设地方附加税费共计12%）？

解析：由于增值税为价外税，而预提所得税和地方附加税费为价内税，因此，在换算非居民企业的含税所得额时，应使用以下公式：

含税所得=不含税所得÷（1-所得税税率-增值税税率×12%）=842.26÷

（1-10%-6%×12%）=943.40（万元）

扣缴企业所得税=943.40×10%=94.34（万元）

扣缴增值税=943.40×6%=56.60（万元）

扣缴附加税费=56.60×12%=6.80（万元）

折算后包含各种税款的总价款=842.26+56.60+94.34+6.80=1 000（万元）

支付给非居民的价款=842.26（万元）

2. 境外设计公司负担预提所得税，但不承担其他税费

境外承担涉及的预提所得税，但不承担增值税费及附加，即表2-13中的情形4，在计算计税基数时要重点关注附加税费是价内税的还原。

例2-20：易瑾地产委托香港A建筑设计公司为某项目提供工程设计服务，该设计服务部分在境内完成。根据《企业所得税法》和《内地和香港特别行政区关于对所得避免双重征税和防止偷漏税的安排》规定，由于劳务活动持续时间超过6个月以上，在内地构成常设机构，应按常设机构征收所得税。合同价款为为936.6万元，预提所得税由境外设计公司承担，其他各项税款由易瑾地产承担。如何计算扣缴企业所得税、增值税及附加（假设地方附加税费共计12%）？

解析：对于境外设计公司，合同价款936.6万元不含增值税和附加税费，含预提所得税，增值税属于价外税，但附加税费为价内税，应换算为含附加税费的金额，计算扣缴增值税和企业所得税。因此此种情况下计算税款应按照如下公式：

含附加税所得=不含附加税所得额÷（1-增值税税率×12%）=936.6÷（1-6%×12%）=943.40（万元）

扣缴企业所得税=943.40×10%=94.34（万元）

扣缴增值税=943.40×6%=56.60（万元）

扣缴附加税费=56.60×12%=6.80（万元）

折算后包含各种税款的总价款=936.60+56.6+6.8=1 000（万元）

支付给非居民的价款=936.60-94.34 =842.26（万元）

3. 境外设计公司负担增值税及附加，但不承担预提所得税

境外承担涉及增值税及附加，但不承担预提所得税，即表2-13中的情形

5，在计算计税基数时重点关注预提税是价内税以及增值税是价外税的还原。

例2-21：续前例，易瑾地产委托香港A建筑设计公司为某项目提供工程设计服务，该设计服务部分在境内完成。根据《企业所得税法》和《内地和香港特别行政区关于对所得避免双重征税和防止偷漏税的安排》规定，由于劳务活动持续时间超过6个月以上，在内地构成常设机构，应按常设机构征收所得税。合同价款为905.66万元，合同约定，预提所得税由易瑾地产承担，其他各项税款由境外设计公司承担。如何计算扣缴企业所得税、增值税及附加（假设地方附加税费共计12%）？

解析：对于境外设计公司，合同价款905.66万元不含所得税，含增值税和附加税费，增值税属于价外税，附加税费为价内税，应先计算增值税计税价款。此种情况含税价款计算公式为：

计税价款=合同价款÷（1+增值税税率−所得税税率）

计税价款=905.66÷(1+6%−10%)=943.90（万元）

扣缴企业所得税=943.40×10%=94.34（万元）

扣缴增值税=943.40×6%=56.60（万元）

扣缴附加税费=56.60×12%=6.80（万元）

折算后包含各种税款的总价款=905.66+94.34=1 000（万元）

应支付给境外设计公司的价款=905.66−56.60−6.80=842.26（万元）

2.11 营改增后开发建设环节
应关注的税务风险

营改增后，原先国税机关负责征收增值税、地税机关负责征收营业税的二元征管模式被重新构建，增值税全面覆盖货物、服务、无形资产、不动产。

国家税务总局自1994年起，经国务院批准开始实施金税工程。金税工程是国家级电子政务工程，是国家电子政务"十二金"工程之一，是税收管理信息系统工程的总称。2016 年 10 月金税三期实现了全面上线，彻底解决了税企之间长期存在的信息不对称问题。

金税三期统一了国税、地税核心征管应用系统，构建了覆盖所有税种、覆盖税收工作的主要工作环节、覆盖各级国地税机关，并与有关部门联网的全国税收管理信息化系统。金税三期系统具备功能更强大、运行更稳定、办税更顺畅等诸多优势和特点。

从核心征管系统的建立到金税三期风控系统的布局，税务机关已开启大数据征管时代之门，纳税人面临的税务风险与以前相比发生了根本改变。

2.11.1　虚开建安发票，加大建安成本

营改增前，建筑服务征收营业税由地税负责，发票在地产项目所在地开具，而且多数建筑企业采取核定征收方式，因此，虚构业务、虚开建安发票，加大建安成本成为房地产开发企业常用的偷税手段。营改增后，由于政策变化和征管信息化等措施的落地，房地产开发企业再虚构业务将会面临很大的税务风险和经营风险。

1. 金税三期全面上线后，税务机关利用大数据，加强了增值税进销比对，让虚开发票无处遁形。

2. 税务机关强化了第三方数据的采集应用。通过对地方住建部门每年公布的当地建材价格、单方造价成本等数据的采集和分析，建立行业分析模型，可以帮助税务机关评估房地产企业的建筑成本是否真实。

3. 营改增后，建筑企业预缴税款时，需要向建筑服务发生地主管国税机关提交与房地产开发企业签订的建筑合同复印件。

《关于营改增试点若干征管问题的公告》（国家税务总局公告 2016 年第 53 号）第八条规定，纳税人跨县（市、区）提供建筑服务，在向建筑服务发生地主管国税机关预缴税款时，需填报《增值税预缴税款表》，并出示以下资料：与发包方签订的建筑合同复印件（加盖纳税人公章）；与分包方签订的分包合同复印件（加盖纳税人公章）；从分包方取得的发票复印件（加盖纳税人公章）。

这样操作，一方面税务机关机关的管控时点提前，提交的合同将成为税务机关进行后续管理和风险评估的重要信息来源；另一方面，房地产开发企业如果要求建筑企业虚开发票，必须首先与建筑企业签订书面合同，并在申报时提交给税务机关。税务机关在后续检查时，合同将成为直接证据，而企业无法对虚构合同进行修改。

4. 营业税下，建筑业开具的《建筑业统一发票》大部分未写明具体项目名称，特别是市政公用、园林绿化、基础土石方等工程，受专业知识、事后隐蔽工程量难以核实等限制，税务人员往往难以对工程项目进行计量与核查。

营改增后，建筑企业提供建筑服务，自行开具或者税务机关代开增值税发票时，必须在发票的备注栏注明建筑服务发生地县（市、区）名称及项目名称，否则房地产开发企业不能作为税收凭证扣除。

税务机关利用金税三期的风险评估功能，可以很方便地将同一项目的建安成本进行归集，并与当地住建部门提供的建安成本或者税务机关掌握的当地同行业建安成本进行比对，及时发现地产企业是否存在虚增成本行为。

5. 营改增后，税务机关加强了对建筑企业的管理，跨地区经营建筑企业需要到项目所在地国税机关办理外出经营活动报验登记。国税机关会将报验信息通过金税三期系统向当地地税机关推送，以便地税机关开展个人所得税等税收的管理。因此，未进行报验登记而给地产项目开具发票的信息，在税务机关征管系统中会进行预警。

6. 随着税务机关的精细化管理，建筑企业采取核定征收的项目将越来越少，加大了虚开发票的成本。

7. 为避免虚开发票嫌疑，房地产开发企业还需要将资金实际支付给建筑企业，资金安全存在风险。如果不支付，账面应付账款将会越来越大，形成长期挂账。长期挂账的往来帐，也是金税三期风险评估的重点。

8. 虚开发票不仅面临行政处罚，还会面临追究刑事责任。

2.11.2　虚构甲供材料，加大建安成本

地产项目中，房地产开发企业自采主材已较为普遍，部分房地产开发企业

还设立了商贸公司，专门用于采购甲供材料。同时，营改增后，在甲供材料模式下，建筑企业还可以选择适用或适用简易计税，对于建筑企业也是一个不错的选择。通过甲供材料方式加大建安成本主要有三种方式，一是直接虚构甲供材料业务，加大建安成本；二是对于已经采取甲供的材料，与建筑企业结算时，让建筑企业重复开票，重复计入建安成本；三是通过关联企业采购或者让建筑企业从关联企业采购，加大材料的采购成本，达到提高建安成本的目的。

商贸企业、关联交易目前都是税务机关监控的重点。

2.11.3　虚购绿化苗木，加大开发成本

根据现行税收政策，自产销售苗木可以享受增值税和企业所得税税收优惠。房地产开发企业通过直接虚购苗木，或者通过关联交易加大苗木成本，可以降低项目公司土地增值税和企业所得税税负。因此，虚构苗木曾经是房地产开发企业税务安排的一个重要手段。

营改增后，享受税收优惠的农产品也成为税务管控的重点。

2.12　企业风险诊断自查重点

开发建设环节，企业风险诊断自查重点详见表2-14。

表 2-14　开发建设环节风险诊断自查重点

税　　种	自　查　事　项
增值税	支付给境外的设计费是否扣缴增值税
	支付给政府有关部门的各项报批、报建费用是否符合当地规定标准，是否取得合法票据
	是否正确划分一般计税项目和简易计税项目，是否将用于简易计税项目的进项税额在一般计税项目进行了抵扣
	检查取得发票的合规性。例如，设计服务应在机构所在地开具发票，但纳税人在项目所在地开具了发票；设计服务应适用6%税率，但开具了13%的发票。其他个人提供建筑服务开具了外地增值税发票
	检查是否存在虚列成本、费用用于抵扣的情形
	检查是否存在虚购苗木等农产品抵扣进项税的情形

续上表

税　种	自　查　事　项
增值税	检查甲供材料是否存在建筑企业将甲供材料包含在内，按照总额开具发票重复抵扣的情形
企业所得税	结合设计合同和实际业务运作，检查境外设计服务属于劳务还是属于特许权使用费，是否应该代扣代缴企业所得税
印花税	检查"建筑安装工程承包合同""建筑工程勘察设计合同"等应税凭证涉及的印花税是否足额缴纳

2.13　税务机关风险评估比对重点

1. 税务机关将房地产开发企业取得的增值税专用发票信息、增值税普通发票信息分类汇总后，用于后期土地增值税清算信息比对。

2. 税务机关将为本项目提供建筑服务的本地建筑企业、外地建筑企业信息统计分析后，用于对建安企业的税源管理。

第 3 章

预售环节

商品房预售，是指房地产开发企业将正在建设中的商品房预先出售给买受人，并由买受人支付定金或者房价款的行为。商品房预售实行预售许可制度，开发企业应取得《商品房预售许可证》。

商品房预售应当符合下列条件：一是已交付全部土地使用权出让金，取得土地使用权证书；二是持有建设工程规划许可证和施工许可证；三是按提供预售的商品房计算，投入开发建设的资金达到工程建设总投资的 25% 以上，并已经确定施工进度和竣工交付日期。

预售环节主要涉及增值税、土地增值税、企业所得税、城镇土地使用税、印花税。

房地产开发企业在本环节税务管理的重点是：增值税、土地增值税、企业所得税预收款或预售收入预缴税款的准确计算和缴纳；商品房买卖合同印花税的准确计算和缴纳。城镇土地使用税按照正常申报程序正常纳税即可。

3.1 纳税义务发生时间判定原则

由于房地产开发企业的开发产品周期较长，因此在开发产品符合预售条件时，就可以预先销售给客户并收取款项，而且大部分收取的是全款。但是，房地产开发企业收到预收款时，不确认为纳税义务发生。真正的纳税义务发生时间，应根据财政部、国家税务总局《营业税改征增值税试点实施办法》第四十五条的相关规定确定。

3.1.1 增值税纳税义务发生时间判定原则和顺序

房地产开发企业增值税纳税义务发生时间判定原则和顺序为：

1. 先开具发票的，为开具发票的当天。原因是增值税实行凭票抵扣制度，如果开具当天不作为纳税义务发生时间，就会导致销售和抵扣的脱节，即下家已提前抵扣税款，上家尚未申报收入。

2. 纳税人发生应税行为并收讫销售款项的当天。收讫销售款项，是指纳税人销售服务、无形资产或者不动产过程中或者完成后收到款项。

3. 取得索取销售款项凭据的当天。索取销售款项凭据的当天，是指书面合同确定的付款日期；未签订书面合同或者书面合同未确定付款日期的，为服务、无形资产转让完成的当天或者不动产权属变更的当天。

对于房地产开发企业而言，无论是先开具发票，还是收讫销售款项或者取得索取销售款项凭据，都应以发生应税行为为前提。

在实际操作中，房地产开发企业依据上述原则判定纳税义务发生时间仍然不是很清晰。因此，部分地区明确已以交房时间为判定标准。具体交房时点的确定以《商品房买卖合同》约定的交房时间为准；若实际交房时间早于合同约定时间的，以实际交付时间为准。

3.1.2　以交房时点作为判定原则的理由

房地产开发企业按照交房时点作为纳税义务发生时间，主要是基于以下原因：

1. 销售服务、无形资产、不动产税目注释中关于销售不动产，是指转让不动产所有权的业务活动。营改增政策已明确所有权转移这一业务实质。

2. 房地产行业根据企业会计准则的实践操作也是以交房时点作为判定原则。例如，万科地产在 2016 年度企业年度报告中对收入及销售商品收入的会计政策披露如下：

收入是本集团在日常活动中形成的、会导致股东权益增加且与股东投入资本无关的经济利益的总流入。收入在其金额及相关成本能够可靠计量、相关的经济利益很可能流入本集团并且同时满足以下不同类型收入的其他确认条件时，予以确认。

销售商品收入

当同时满足上述收入的一般确认条件以及下述条件时，本集团确认销售商品收入：

● 本集团将商品所有权上的主要风险和报酬已转移给购货方。

● 本集团既没有保留通常与所有权相联系的继续管理权，也没有对已售出的商品实施有效控制。

本集团按已收或应收的合同或协议价款的公允价值确定销售商品收入金额。

房地产销售在房产完工并验收合格，达到了销售合同约定的交付条件，取得了买方按销售合同约定交付房产的付款证明时（通常收到销售合同首期款及已确认余下房款的付款安排）确认销售收入的实现。

本集团将已收到但未达到收入确认条件的房款计入预收款项科目，待符合上述收入确认条件后转入营业收入科目。

再如，金地地产在2016年度企业年度报告中对商品销售收入的会计政策也明确披露如下：

对于房地产开发产品销售收入，在买卖双方签订销售合同并在国土部门备案；房地产开发产品已建造完工并达到预期可使用状态，经相关主管部门验收合格并办妥备案手续；买方按销售合同付款条款支付了约定的购房款项并取得销售合同约定的入伙资格，即卖方收到全部购房款或取得全部购房权利，相关经济利益全部流入公司时，确认销售收入。

3. 我国商品房买卖合同基本上采取的都是制式合同，由住房和城乡建设部与工商总局联合制定并发布。《商品房销售管理办法》规定，商品房销售时，房地产开发企业和买受人应当订立书面商品房买卖合同，并在合同中明确约定交付使用条件及日期。

以交房时点作为房地产开发企业销售不动产纳税义务发生时间，可以很好地解决以下问题：

实现税会差异的协调，避免税会差异过大导致的复杂纳税调整。

可以解决税款预缴时间与纳税义务发生时间节点不明确的问题，简化征管，方便纳税人操作，减少因界定原则模糊导致的税企纠纷。

可以解决房地产开发企业销项税额与进项税额发生时间不一致导致的错配问题。如果按收到房屋价款作为纳税义务发生时间，可能形成前期销项税额大，后期进项税额大，长期留抵甚至到企业注销时进项税额仍然没有抵扣完毕的现象。

可以解决从销售额中扣除土地价款与实现的收入相匹配的问题。营改增对土地价款的扣除采取的是差额征收方式，需要从销售额中抵减。如果以预售款作为纳税义务发生客体，将无法解决土地价款的扣除问题，而土地价款是房地产开发企业初期的重要支出，但又无法凭票抵扣进项税。

3.2　预缴增值税的税务处理

预收款包括分期取得的预收款（首付+按揭+尾款）和全款两种形式。

3.2.1　一般纳税人预缴税款

一般纳税人采取预收款方式销售自行开发的房地产项目，应在收到预收款时按照 3%的预征率预缴增值税。

预缴税款按照以下公式计算：

应预缴税款=预收款÷（1+适用税率或征收率）×3%

新项目或选择适用一般计税方法计税的老项目，按照 9%的适用税率计算；选择适用简易计税方法计税的老项目，按照 5%的征收率计算。

一般纳税人应在取得预收款的次月纳税申报期向主管国税机关预缴税款。

例 3-1：易瑾地产（一般纳税人）在京州市自行开发了东丽项目，施工许可证注明的开工日期是 2018 年 10 月 8 日，2019 年 4 月 18 日开始预售。2019 年 5 月收到预收款 11 000 万元。请问该预售款如何预缴增值税。

解析：2019 年 6 月申报期申报 5 月增值税。

应预缴税款=11 000÷（1+9%）×3%=302.75（万元）

3.2.2　小规模纳税人预缴税款

小规模纳税人采取预收款方式销售自行开发的房地产项目，应在收到预收款时按照 3%的预征率预缴增值税。

应预缴税款按照以下公式计算：应预缴税款=预收款÷（1+5%）×3%

小规模纳税人应在取得预收款的次月纳税申报期或主管国税机关核定的纳税期限向主管国税机关预缴税款。

由于小规模纳税人适用按季申报，因此，与一般纳税人相比，纳税期限增加了主管税务机关可以核定这一条。

3.2.3　预缴税款抵减应按税额的时间节点

房地产开发企业根据合同约定交房时，预售的开发产品发生产权转移，纳税义务已发生，企业清算应纳税款时，预缴税款可以抵减应纳税额。

应纳税款的抵减凭证以完税凭证作为合法有效凭证。

应纳税额=销项税额-进项税额-预缴税款

3.3　诚意金、认筹金、订金的税务处理

在购房前，房地产开发企业往往会向购房者收取一定费用作为交易保障，并被冠以"诚意金""订金""认筹金"等名称。目前法律上对诚意金、认筹金、订金没有明确规定，属于购买者和房地产开发企业自行约定的事项。上述款项是在商品房销售合同签订前收取的，不属于预收款，不需要预缴增值税。

房地产开发企业收到上述款项，应计入"其他应付款"核算。如果购房者与房地产开发企业签订了正式的商品房销售合同，并将上述款项抵作房款，则应该作为预收款预缴增值税款。

例3-2：续前例，2019年4月，客户孙先生拟购买房屋一套，遂向房地产开发公司支付诚意金20万元。2019年5月，孙先生与公司正式签订购房合同，采用全款支付方式，合同价款388.50万元，其中，银行个人卡转账支付368.50万元，诚意金抵房款20万元。请分析该房地产公司预缴增值税情况。

解析：2019年4月，公司收到诚意金20万元，由于未签订购房合同，不属于预收款，不需要预缴增值税。2019年5月，正式签订购房合同，所收款项应全额作为预收账款预缴增值税。

应预缴税款=388.50÷（1+9%）×3%=10.69（万元）

3.4 定金的税务处理

定金，是指合同当事人为了确保合同的履行，约定由一方按合同标的额的一定比例预先给付对方的金钱。我国合同法明确规定，当事人可以依照《中华人民共和国担保法》，约定一方向对方给付定金作为债权的担保。债务人履行债务后，定金应当抵作价款或者收回。定金合同属于从合同、实践性合同。定金的数额由当事人约定，但不得超过主合同标的额的20%。

因此，房地产开发企业收取的定金属于预收款性质，应该预缴增值税。

例3-3：续前例。2019年5月，客户孙先生购买房屋一套，与某房地产开发公司签订了购房合同，并支付定金20万元。请问房地产开发公司应就该定金预缴增值税吗？

解析：定金属于预收款，应预缴增值税。

应预缴税款=20÷（1+9%）×3%=0.55（万元）

3.5 营改增对土地增值税 计税依据的影响

《土地增值税暂行条例实施细则》规定，纳税人在项目全部竣工结算前转让房地产取得的收入，由于涉及成本确定或其他原因，而无法据以计算土地增值税的，可以预征土地增值税，待该项目全部竣工、办理结算后再进行清算，多退少补。预征税款按预售收入乘以预征率计算，预征率由各省、自治区、直辖市地方税务局根据当地情况核定。

《财政部 国家税务总局关于营改增后契税、房产税、土地增值税、个人所得税计税依据问题的通知》（财税〔2016〕43号）明确规定，土地增值税纳税人转让房地产取得的收入为不含增值税收入。

《关于营改增后土地增值税若干征管规定的公告》（国家税务总局公告2019年第70号，以下简称70号公告）再次明确，营改增后，纳税人转让房地产的土地增值税应税收入不含增值税。适用增值税一般计税方法的纳税人，其转让房地产的土地增值税应税收入不含增值税销项税额；适用简易计税方法的纳税人，其转让房地产的土地增值税应税收入不含增值税应纳税额。

同时，为方便纳税人，简化土地增值税预征税款计算，对于房地产开发企业采取预收款方式销售自行开发房地产项目的，70号公告允许房地产开发企业可以按照以下方法计算土地增值税预征计征依据：

土地增值税预征的计征依据=预收款-应预缴增值税税款

例3-4：续例3-1。假设土地增值税预征率为3%，请计算2019年6月申报期应申报的土地增值税税额。

解析：应预缴增值税=11 000÷（1+9%）×3%=302.75（万元）

应预征土地增值税=（11 000-302.75）×3%=320.92（万元）

70号公告出台后，部分房地产开发企业在实际操作中也就该条款与税务机关产生了税企争议。原因是，70号公告的立法本意是为了方便纳税人，简化预征税款的计算，因此，文件并未强制纳税人采用这一计算方法，而是允许纳税人"可按照以下方法计算土地增值税预征计征依据"。

部分税务机关的观点是：房地产开发企业的预收款，不符合纳税义务发生，不属于收入，不应进行价税分离，而且70号公告中的公式也没有进行价税分离。

企业的观点是：一是70号公告公式的本意就是价税分离（预收款减去应预缴增值税税款）；二是预收款是否含税，应以商品房买卖合同为准。预收款只是企业收入在不同阶段的表现形式，预收款是合同收入的组成部分，在全款情况下，预收款等于合同收入价款。在符合收入确认的条件下，需要将预收款全部转为收入。对于合同明确约定为含税价格的（或者依据行业惯例，如个人购房者签订的购房合同，合同价格一般都是含税价格），需要按照增值税政策规定进行价税分离；三是财政部、国家税务总局财税〔2016〕43 号文件、70 号公告都明确规定，土地增值税的计税依据不含增值税；四是不同税种间的法际协调。增值税在预缴增值税时，对预收款进行了价税分离，不同法际之间应尽量协调一致，避免产生税收立法漏洞。

因此，在实务中部分纳税人预缴土地增值税时，计算土地增值税预征计征应依据的公式如下：

土地增值税预征的计征依据=预收款÷（1+适用税率或征收率）

例 3-5：续前例。假设土地增值税预征率为 3%，请计算 2019 年 6 月申报期应申报的土地增值税税额。

解析：应预征土地增值税=11 000÷（1+9%）×3%=302.75（万元）

例 3-5 与例 3-4 相比，少缴土地增值税 18.17 万元（320.92 万元-302.75 万元）。房地产开发企业应结合各地政策，积极与主管税务机关进行沟通，争取按照合适的计算方法执行。

3.6 营改增对企业所得税计税依据的影响

国家税务总局《房地产开发经营业务企业所得税处理办法》（国税发〔2009〕31 号）规定，企业销售未完工开发产品取得的收入，应先按预计计税毛利率分季（或月）计算出预计毛利额，计入当期应纳税所得额。

营改增后，对于销售未完工开发产品取得的收入，是按照预收款减去应预缴增值税的方法计算，还是按照适用税率换算后的预收款计算，或者直接依据预收款计算，税务总局没有给予明确。

根据前文对土地增值税计征依据的讨论，最好按照适用税率换算后的预收款计算，一是符合增值税价外税的实质；二是有利于不同税种之间的法际协调。

宁波市国税局在 2016 年企业所得税汇缴政策书面解答中对此事项明确如下：

房地产开发企业计算预计利润时，销售未完工产品收入以不含税额计收入。一般纳税人选择简易征收及小规模纳税人，其销售未完工产品收入计收入额的计算方法是"销售未完工产品收入÷1.05"；一般纳税人选择一般计税方法的，其预收款计收入额的计算方法是"销售未完工产品收入÷1.09"。

同时，宁波市国税局还明确，房地产开发企业预缴增值税时实际缴纳的城建税、教育费附加允许税前扣除。也就是税，增值税作为价外税不能在预缴时税前扣除，但依据预缴增值税缴纳的附加税可以税前扣除。这一点和营业税下存在差异。

营改增后房地产开发企业预缴企业所得税，较营业税下大幅度提高。这是由于增值税属于价外税而营业税属于价内税造成的。

例3-6：易瑾地产（一般纳税人）2019年5月预售收入为1 000万元，在不考虑其他税费和期间费用的条件下，假设计税毛利率为15%，请解析计算原营业税下和营改增后对销售未完工产品预缴税款的影响（假设当地允许预缴的营业税在预缴申报时扣除）。

解析：

原营业税下预缴企业所得税=（1 000×15%-1000×5%）×25%=25（万元）

一般计税方法预缴企业所得税=1 000÷（1+9%）×15%×25%=34.40（万元）

简易计税方法预缴企业所得税=1 000÷（1+5%）×15%×25%=35.71（万元）

从案例可以看出，在预计毛利率不变的情况下，由于增值税不能在税前扣除，导致预缴企业所得税大幅度提高。

因此，在实际操作中，部分房地产开发企业往往仍按营改增前的政策逻辑进行填报或者采取虚列费用、虚报亏损的方式减少预缴所得税。

其实这样操作存在很大税务风险。国家税务总局《关于加强企业所得税预缴工作的通知》（国税函〔2009〕34 号）明确规定，企业所得税年度预缴税款占当年企业所得税入库税款（预缴数÷汇算清缴数）应不少于70%，对未按规定申报预缴企业所得税的，按照《中华人民共和国税收征收管理法》及实施细则的有关规定进行处理。纳税人编造虚假计税依据的，由税务机关责令限期改正，并处五万元以下的罚款。

营改增后，税务机关利用金税三期的风险评估功能，可以对不同税种的预缴申报和财务报表指标进行风险扫描，识别出可能存在的风险点。因此，房地产开发企业不仅要重视增值税的预缴申报，也要重视企业所得税的预缴申报。

3.7　增值税、土地增值税、企业所得税预售收入确认原则对比

增值税、土地增值税、企业所得税在预售环节都需要预征税款。增值税、土地增值税都是在收到预收款时计算预缴税款。企业所得税则根据不同的销售模式，对预售收入分别规定了收入确认原则。

房地产开发企业通过正式签订《房地产销售合同》或《房地产预售合同》所取得的收入，应确认为销售收入的实现，具体按以下规定确认：

1. 采取一次性全额收款方式销售开发产品的，应于实际收讫价款或取得索取价款凭据（权利）之日，确认收入的实现。

2. 采取分期收款方式销售开发产品的，应按销售合同或协议约定的价款和付款日确认收入的实现。付款方提前付款的，在实际付款日确认收入的实现。

3. 采取银行按揭方式销售开发产品的，应按销售合同或协议约定的价款确定收入额，其首付款应于实际收到日确认收入的实现，余款在银行按揭贷款办理转账之日确认收入的实现。

4. 采取委托方式销售开发产品的，应按以下原则确认收入的实现：

①采取支付手续费方式委托销售开发产品的，应按销售合同或协议中约

定的价款于收到受托方已销开发产品清单之日确认收入的实现。

②采取视同买断方式委托销售开发产品的，属于企业与购买方签订销售合同或协议，或企业、受托方、购买方三方共同签订销售合同或协议的，如果销售合同或协议中约定的价格高于买断价格，则应按销售合同或协议中约定的价格计算的价款于收到受托方已销开发产品清单之日确认收入的实现；如果属于前两种情况中销售合同或协议中约定的价格低于买断价格，以及属于受托方与购买方签订销售合同或协议的，则应按买断价格计算的价款于收到受托方已销开发产品清单之日确认收入的实现。

③采取基价（保底价）并实行超基价双方分成方式委托销售开发产品的，属于由企业与购买方签订销售合同或协议，或企业、受托方、购买方三方共同签订销售合同或协议的，如果销售合同或协议中约定的价格高于基价，则应按销售合同或协议中约定的价格计算的价款于收到受托方已销开发产品清单之日确认收入的实现，企业按规定支付受托方的分成额，不得直接从销售收入中减除；如果销售合同或协议约定的价格低于基价的，则应按基价计算的价款于收到受托方已销开发产品清单之日确认收入的实现。属于由受托方与购买方直接签订销售合同的，则应按基价加上按规定取得的分成额于收到受托方已销开发产品清单之日确认收入的实现。

④采取包销方式委托销售开发产品的，包销期内可根据包销合同的有关约定，参照上述规定确认收入的实现；包销期满后尚未出售的开发产品，企业应根据包销合同或协议约定的价款和付款方式确认收入的实现。

3.8　营改增对印花税的影响

印花税属于财产行为税，一般直接依据合同价格征收，即合同签订的是含税价格就按含税价格征收。

印花税"产权转移书据"税目中"财产所有权"转移书据包括两种行为：

一是经政府管理机关登记注册的动产、不动产的所有权转移所立的书据；二是企业股权转让所立的书据。因此，对商品房销售合同按照产权转移书据征收印花税。

根据印花税暂行条例，产权转移书据根据合同所载金额的万分之五征税。

3.9　企业风险诊断自查重点

预售环节，企业风险诊断自查重点详见表 3-1。

表 3-1　预售环节风险诊断自查重点

税　种	自　查　事　项
增值税	检查增值税计税依据的完整性，核实往来账户是否存在符合预售条件而没有按规定申报纳税的情形
企业所得税	检查是否将预提的土地增值税在预缴时扣除
	检查适用计税毛利率是否正确，对于不能分别核算的，是否从高适用计税毛利率
土地增值税	检查不同类型房屋适用土地增值税预征率是否正确
印花税	检查印花税是否按照合同约定金额计征

3.10　税务机关风险评估比对重点

预售环节，税务机关风险评估比对重点详见表 3-2。

表 3-2　税务机关风险评估比对重点

税　种	事　项
增值税	当期增值税纳税申报金额与预收账款期初期末增减变动金额进行比对。如（预收账款期末-预收账款期初）-当期增值税申报销售收入>20%，请纳税人提交预收账款明细并说明
	土地增值税、企业所得税的计税依据为不含增值税的收入。税务机关按月将房地产企业开具的增值税发票和增值税纳税申报信息与纳税人申报的土地增值税的计税依据进行比对

税　　种	事　　项
增值税	税务机关应将纳税人提交的信息与房管部门传递的网签合同、销售数据等信息进行比对
企业所得税	企业所得税计税依据与增值税计税依据进行比对
	税务机关应将纳税人申报的收入信息与房管部门传递的网签合同、销售数据等信息进行比对
土地增值税	土地增值税计税依据与增值税计税依据进行比对
	税务机关应将纳税人申报的收入信息与房管部门传递的网签合同、销售数据等信息进行比对
印花税	印花税计税依据与增值税计税依据进行比对
	税务机关应将纳税人申报的计税依据信息与房管部门传递的网签合同信息进行比对

第 4 章

竣工销售环节

房地产开发企业开发的产品通过竣工验收后，可以按照商品房销售合同的约定与购房者办理交房手续。对于尚未售出的开发产品转为现房继续销售。

竣工销售环节主要涉及增值税、企业所得税、土地增值税、印花税、城镇土地使用税。房地产开发企业在本环节税务管理的重点是：

- 增值税：纳税义务已发生，应清算应纳税款并扣除已预缴的增值税款。
- 企业所得税：结转预售房产销售收入，确认现房销售收入；选择确定计税成本核算的终止日、结转计税成本；结转计税毛利额；向税务机关报备房地产开发企业已完工开发产品成本对象专项报告表，以及实际毛利额与预计毛利额之间差异调整情况报告。
- 城镇土地使用税：确定城镇土地使用税纳税义务终止时间，避免多交税。

在实务中，对土地增值税在达到土地增值税清算条件前或主管税务机关通知清算前都采取预征方式，本环节继续按照正常申报程序申报缴纳预征税款。印花税主要是现房销售涉及的印花税，参照预售环节印花税政策执行即可。

4.1　增值税应关注的重点

确定房地产开发企业的销售额有两种方式：一般计税和简易计税。无论哪种方式，如果涉及价外费用，应首先对价外费用是否属于应税事项作出判断，避免少计计税依据导致的税务风险。

另外，对于符合条件的免税项目、不征税项目，也应该积极争取享受有关税收优惠，避免过多缴税的税务风险。

4.1.1　价外费用

房地产开发企业中的一般纳税人销售自行开发的房地产项目，适用一般计税方法计税的，按照取得的全部价款和价外费用，扣除当期销售房地产项目对应的土地价款后的余额计算销售额。销售额的计算公式如下：

销售额=（全部价款和价外费用-当期允许扣除的土地价款）÷（1+9%）

房地产开发企业中的一般纳税人销售自行开发的房地产项目，选择适用简易计税方法计税的或者小规模纳税人，按照取得的全部价款和价外费用计算销售额。销售额的计算公式如下：

销售额=全部价款和价外费用÷（1+5%）

例4-1：易瑾地产（一般纳税人）在京州市自行开发了东丽项目，施工许可证注明的开工日期是2017年10月8日，2018年5月18日开始预售。2019年1月交付使用。假设房屋销售收入为11 100万元，在2019年1月1日之前已全部按照政策规定预缴了增值税。由于该项目在营改增之前开工建设，项目选择简易计税。请分析该项目的纳税情况。

解析：2019年1月，房屋交付使用，房产产权发生转移，并已收讫销售款项。

2019年1月1日前已预缴增值税=11 100÷（1+5%）×3%=317.14（万元）

应纳增值税额=11 100÷（1+5%）×5%-317.14=211.43（万元）

在实务中应当注意的是：

一是价外费用应并入销售额征收增值税。这样做的目的是为了保证增值税税基的完整，避免纳税人通过肢解税基的方式钻征管的空子。价外费用包括价外向购买方收取的手续费、补贴、集资费、违约金、奖励费、滞纳金、延期付款利息等。

二是部分价外费用较为特殊，或者是履行法律义务，或者是代政府收取的，如果一律征税，显然有失公允，因此政策规定价外收费不包括以下项目：

1. 代为收取的政府性基金或者行政事业性收费

行政单位收取的政府性基金或者行政事业性收费必须同时满足以下条件：由国务院或者财政部批准设立的政府性基金，由国务院或者省级人民政府及其财政、价格主管部门批准设立的行政事业性收费；收取时开具省级以上（含省级）财政部门监（印）制的财政票据；所收款项全额上缴财政。

2. 以委托方名义开具发票代委托方收取的款项

房地产开发企业在购房者签订商品房买卖合同时，向购房者收取的契税、印花税、办证费等，属于代收代付费用，有关部门最终会将发票、非税收入票据等直接开具给购房者。因此，这些费用不属于价外费用，不应并入销售额。

4.1.2 免征增值税项目

房地产主管部门或者其指定机构、公积金管理中心、开发企业以及物业管理单位代收的住宅专项维修资金，免征增值税。住宅专项维修资金，是指专项用于住宅共用部位、共用设施设备保修期满后的维修和更新、改造的资金。

土地所有者出让土地使用权和土地使用者将土地使用权归还给土地所有者，免征增值税。

4.1.3 不征增值税项目

在资产重组过程中，通过合并、分立、出售、置换等方式，将全部或者部分实物资产以及与其相关联的债权、负债和劳动力一并转让给其他单位和个人，其中涉及的不动产、土地使用权转让行为，不征收增值税。

4.2 完工年度企业所得税税务风险管理

房地产开发企业在开发产品符合完工标准的年度，应及时、准确、完整地结转销售收入，确定计税成本，结转计税毛利差，正确计算应纳税所得额。

4.2.1 完工标准

1. 企业所得税的完工标准

房地产开发企业的开发产品符合下列条件之一的，应视为已经完工：

- 开发产品竣工证明材料已报房地产管理部门备案。
- 开发产品已开始投入使用。

在实务中存在部分房地产开发企业的开发产品尚未办理竣工备案手续，

但已经交付购房者。为避免房地产开发企业延迟确认纳税义务，现行政策规定，房地产开发企业建造、开发的开发产品，无论工程质量是否通过验收合格，或是否办理完工（竣工）备案手续以及会计决算手续，当企业开始办理开发产品交付手续（包括入住手续）、或已开始实际投入使用时，为开发产品开始投入使用，应视为开发产品已经完工。房地产开发企业应按规定及时结算开发产品计税成本，并计算企业当年度应纳税所得额。

● 开发产品已取得了初始产权证明。

需要注意的是，上述三个条件采取的是孰先原则，哪个先达到就按哪个条件确认为完工。

2. 企业所得税和增值税完工标准的差异分析

企业所得税的完工标准和增值税的完工标准相比，存在如下差异，房地产开发企业应予以关注，避免税务风险：

● 增值税的完工标准中没有"开发产品竣工证明材料已报房地产管理部门备案"和"开发产品已取得初始产权证明"两个标准。开发产品办理竣工备案和取得初始产权证明，是开发产品交付客户的前置条件。正常情况下，未办理上述手续，说明尚不具备法律上和合同上约定的交付条件，即使房地产开发企业通知客户办理交付，客户也有权拒绝办理入住手续。因此，即使房地产开发企业的开发产品达到了上述两个条件，只要客户没有办理入住手续，就不符合增值税的收入确认条件。

● 企业所得税将开发产品已投入使用作为确认完工标准的一个条件，这一点和增值税的确认标准基本一致。如果房地产开发企业与客户办理的交付手续，即使客户没有支付款项，也符合增值税的纳税义务发生时间。增值税纳税义务发生时间为纳税人发生应税行为并收讫销售款项或取得索取销售款项凭据的当天。索取销售款项凭据的当天，包括不动产权属变更的当天。

例4-2：续前例。假设客户孙先生根据合同尚有部分款项未支付，但是在2019年1月10日办理了入住手续。2019年3月支付了剩余购房款100万元，总购房款680万元全部结清。请分析易瑾地产如何确认收入。

解析：房地产开发企业已将房屋交付孙先生，说明应税行为已发生并完成。孙先生办理了入住手续，即使合同没有约定最后一期款项的付款时间，由于不动产权属已变更，易瑾地产符合"取得索取销售款项凭据的当天"的纳税义务发生标准，因此在2019年1月，易瑾地产应按680万元确认收入。

- 与企业所得税相比，增值税纳税义务发生时间比较独特的一点就是先开具发票的，为开票的当天。这种情况下，开发产品可能还处在建设阶段，企业所得税上只能作为预售收入。

4.2.2 视同销售

企业将开发产品用于捐赠、赞助、职工福利、奖励、对外投资、分配给股东或投资人、抵偿债务、换取其他企事业单位和个人的非货币性资产等行为，应视同销售，于开发产品所有权或使用权转移，或于实际取得利益权利时确认收入（或利润）的实现。确认收入（或利润）的方法和顺序为：

- 按本企业近期或本年度最近月份同类开发产品市场销售价格确定。
- 由主管税务机关参照当地同类开发产品市场公允价值确定。
- 按开发产品的成本利润率确定。开发产品的成本利润率不得低于15%，具体比例由主管税务机关确定。

需要注意的是，房地产开发企业将开发的商品房转为自用或经营，属于改变资产用途，资产所有权属在形式和实质上均未发生改变，不视同销售确认收入。

例4-3：唐某等四人于2017年先后多次借款给长江公司，因此取得对长江公司合计2.6亿元借款的债权。为担保该借款合同履行，四人在2017年3月和2018年3月分别与长江公司签订了15份《商品房预售合同》，并在房屋产权交易管理中心备案登记。该债权到期后，因长江公司未偿还借款本息，双方经对账，确认长江公司尚欠四人借款本息361 398 017.78元。双方于2018年6月重新签订《商品房买卖合同》，合同总价4亿元，上述欠款本息转为已付购房款，剩余购房款38 601 982.22元，待办理完毕全部标的物产权转移登记后一次性支付给长江公司。唐某等四人提交与长江公司对账表显示，双方之间的借款利息系分别按照月利率3%和4%、逾期利率10%计算，并计算复利。后长江公司没有按合同约定时间交房，唐某等四人遂向人民法院提起诉讼。长江公司不服一审判决，提起上诉。

二审法院认为，上述借款利息的利率，已经超出法律规定的民间借贷利率保护上限。对双方当事人通过上述对账确认的欠款数额，法院依法不能予以确认。由于法律保护的借款利率明显低于双方当事人确认的借款利率，故应当认为唐某等四人作为《商品房买卖合同》的购房人，尚未足额支付合同约定的361 398 017.78元首期购房款。法院认为，虽然《商品房买卖合同》约定了长江公司交付房屋的时间为2018年9月30日，但应当认为，该交房义务系以唐某等四人支付首期购房款为履行前提。在唐某等四人尚未足额支付首期购房款的情况下，长江公司未按照约定时间交付房屋，不应视为违约。

长江公司在上诉中称：唐某等四人以高达10%以上的月利率计算出高额利息，扩大非法债权总额，又用以物抵债形式签订《商品房买卖合同》和《预售商品房补充协议》，逃避公开拍卖程序，将价值8亿元的房产以4亿元价格抵债，侵犯了长江公司其他债权人的权益。

请对以上案件的商品房买卖有关情况作简要分析。

解析：1. 根据本案判决，长江公司的行为是否属于以房抵债。法院认为，借款合同双方当事人经协商一致，终止借款合同关系，建立商品房买卖合同关系，将借款本金及利息转化为已付购房款并经对账清算的，不属于《中华人民共和国物权法》第一百八十六条规定禁止的情形，该商品房买卖合同的订立目的，亦不属于《最高人民法院关于审理民间借贷案件适用法律若干问题的规定》第二十四条规定的"作为民间借贷合同的担保"。在不存在《中华人民共和国合同法》第五十二条规定情形的情况下，该商品房买卖合同具有法律效力。也就是说，法院认为该行为属于正常的商品房买卖合同。但站在税法角度，应该判定为以房抵债行为，按视同销售处理。

2. 高息折抵房款部分是否有效。法院认为，虽然商品房买卖合同具有具有法律效力，但对转化为已付购房款的借款本金及利息数额，人民法院应当结合借款合同等证据予以审查，以防止当事人将超出法律规定保护限额的高额利息转化为已付购房款。也就是说，法院对高息部分并不认可，因此判决唐某等四人尚未足额支付合同约定的首期购房款361 398 017.78元。税法对支付给个人的高息也是不认可的。《国家税务总局关于企业向自然人借款的利息支出企业所得税税前扣除问题的通知》（国税函〔2009〕777号）规定，企业向企业以外的其他人员借款的利息支出，其借款情况同时符合以下条件的，其利息支出在不超过按照金融企业同期同类贷款利率计算的数额的部分，根据税法第八条和税法实施条例第二十七条规定，准予扣除。（一）企业与个人之间的借贷是真实、合法、有效的，并且不具有非法集资目的或其他违反法律、法规的行为；（二）企业与个人之间签订了借款合同。

3. 以房抵债的价格应如何确定。法院判决认可了双方签订的商品房买卖合同的有效性，合同总价为4亿元。但在二审上诉中长江公司称，唐某等"逃避公开拍卖程序，将价值8亿元的房产以4亿元价格抵债"。税收上对于以房抵债行为按视同销售处理，并给出了收入的确认原则。对于税务机关是否有权对法院已认可的商品房买卖合同中确定的价格重新做出认定，我们认为根据该案的实际情况，税务机关应认可商品房买卖合同确定的价格。

4.2.3　完工产品计税毛利额差异调整

房地产开发企业销售未完工开发产品时，需要先按计税毛利率计算预计毛利额，计入当期应纳税所得额。

开发产品完工后，企业应及时结算其计税成本并计算此前销售收入的实际毛利额，同时将其实际毛利额与其对应的预计毛利额之间的差额，计入当年度企业本项目与其他项目合并计算的应纳税所得额。

在年度纳税申报时，企业须出具对该项开发产品实际毛利额与预计毛利额之间差异调整情况的报告以及税务机关需要的其他相关资料。

4.2.4　计税成本

1. 计税成本对象确定原则

房地产开发企业在开发、建造开发产品（包括固定资产）过程中所发生的按照税收规定进行核算与计量的应归入某项成本对象的各项费用，与按照会计准则归集的成本存在差异。会计上一般按照开发项目、综合开发期数并兼顾产品类型等确定成本核算对象。

成本对象是指为归集和分配开发产品开发、建造过程中的各项耗费而确定的费用承担项目。计税成本对象的确定原则如下：

可否销售原则。开发产品能够对外经营销售的，应作为独立的计税成本对象进行成本核算；不能对外经营销售的，可先作为过渡性成本对象进行归集，然后再将其相关成本摊入能够对外经营销售的成本对象。

分类归集原则。对同一开发地点、竣工时间相近、产品结构类型没有明显差异的群体开发的项目，可作为一个成本对象进行核算。

功能区分原则。开发项目某组成部分相对独立，且具有不同使用功能时，可以作为独立的成本对象进行核算。

定价差异原则。开发产品因其产品类型或功能不同等而导致其预期售价存在较大差异的，应分别作为成本对象进行核算。

成本差异原则。开发产品因建筑上存在明显差异可能导致其建造成本出现较大差异的，要分别作为成本对象进行核算。

权益区分原则。开发项目属于受托代建的或多方合作开发的，应结合上述原则分别划分成本对象进行核算。

2. 计税成本支出内容

会计上，房地产开发企业一般设置土地征用及拆迁补偿费、前期工程费、建筑安装工程费、基础设施建设费、公共配套设施费、开发间接费、借款费用等成本项目。

税收上计税成本支出的内容与会计上基本一致。开发产品计税成本支出的内容如下：

土地征用费及拆迁补偿费。指为取得土地开发使用权（或开发权）而发生的各项费用，主要包括土地买价或出让金、大市政配套费、契税、耕地占用税、土地使用费、土地闲置费、土地变更用途和超面积补交的地价及相关税费、拆迁补偿支出、安置及动迁支出、回迁房建造支出、农作物补偿费、危房补偿费等。

前期工程费。指项目开发前期发生的水文地质勘察、测绘、规划、设计、可行性研究、筹建、场地通平等前期费用。

建筑安装工程费。指开发项目开发过程中发生的各项建筑安装费用。主要包括开发项目建筑工程费和开发项目安装工程费等。

基础设施建设费。指开发项目在开发过程中所发生的各项基础设施支出，主要包括开发项目内道路、供水、供电、供气、排污、排洪、通讯、照明等社区管网工程费和环境卫生、园林绿化等园林环境工程费。

公共配套设施费：指开发项目内发生的、独立的、非营利性的，且产权属于全体业主的，或无偿赠与地方政府、政府公用事业单位的公共配套设施支出。需要注意的是，企业单独建造的停车场所，应作为成本对象单独核算。企业利用地下基础设施形成的停车场所，作为公共配套设施进行处理。

开发间接费。指企业为直接组织和管理开发项目所发生的，且不能将其归属于特定成本对象的成本费用性支出。主要包括管理人员工资、职工福利费、折旧费、修理费、办公费、水电费、劳动保护费、工程管理费、周转房摊销以及项目营销设施建造费等。

3. 计税成本核算程序

房地产开发企业计税成本核算程序一般分为五步：

第一步，对当期实际发生的各项支出，按其性质、经济用途及发生的地点、时间进行整理、归类，并将其区分为应计入成本对象的成本和应在当期税前扣除的期间费用。同时还应按规定对在有关预提费用和待摊费用进行计量与确认。

第二步，对应计入成本对象中的各项实际支出、预提费用、待摊费用等合理的划分为直接成本、间接成本和共同成本，并按规定将其合理的归集、分配至已完工成本对象、在建成本对象和未建成本对象。

第三步，对期前已完工成本对象应负担的成本费用按已销开发产品、未销开发产品和固定资产进行分配，其中应由已销开发产品负担的部分，在当期纳税申报时进行扣除，未销开发产品应负担的成本费用待其实际销售时再予扣除。

第四步，对本期已完工成本对象分类为开发产品和固定资产并对其计税成本进行结算。其中属于开发产品的，应按可售面积计算其单位工程成本，据此再计算已销开发产品计税成本和未销开发产品计税成本。对本期已销开发产品的计税成本，准予在当期扣除，未销开发产品计税成本待其实际销售时再予扣除。

第五步，对本期未完工和尚未建造的成本对象应当负担的成本费用，应分别建立明细台帐，待开发产品完工后再予结算。

4. 计税成本分配的一般方法

房地产开发企业开发、建造的开发产品应按制造成本法进行计量与核算。其中，应计入开发产品成本中的费用属于直接成本和能够分清成本对象的间接成本，直接计入成本对象，共同成本和不能分清负担对象的间接成本，应按受益的原则和配比的原则分配至各成本对象，具体分配方法可按以下规定选择其一：

占地面积法，即按已动工开发成本对象占地面积占开发用地总面积的比例进行分配。一次性开发的，按某一成本对象占地面积占全部成本对象占地总面积的比例进行分配；分期开发的，首先按本期全部成本对象占地面积占开发用地总面积的比例进行分配，然后再按某一成本对象占地面积占期内全部成本对象占地总面积的比例进行分配。期内全部成本对象应负担的占地面积为期内开发用地占地面积减除应由各期成本对象共同负担的占地面积。

建筑面积法，即按已动工开发成本对象建筑面积占开发用地总建筑面积的比例进行分配。一次性开发的，按某一成本对象建筑面积占全部成本对象建筑面积的比例进行分配；分期开发的，首先按期内成本对象建筑面积占开发用地计划建筑面积的比例进行分配，然后再按某一成本对象建筑面积占期内成本对象总建筑面积的比例进行分配。

直接成本法，即按期内某一成本对象的直接开发成本占期内全部成本对象直接开发成本的比例进行分配。

预算造价法，即按期内某一成本对象预算造价占期内全部成本对象预算造价的比例进行分配。

5. 计税成本分配的具体方法

房地产开发企业计税成本按以下方法进行分配：

土地成本，一般按占地面积法进行分配。如果确需结合其他方法进行分配的，应商税务机关同意。土地开发同时连结房地产开发的，属于一次性取得土地分期开发房地产的情况，其土地开发成本经商税务机关同意后可先按土地整体预算成本进行分配，待土地整体开发完毕再行调整。

单独作为过渡性成本对象核算的公共配套设施开发成本，应按建筑面积法进行分配。

借款费用属于不同成本对象共同负担的，按直接成本法或按预算造价法进行分配。

其他成本项目的分配法由企业自行确定。

6. 非货币交易方式换取土地使用权

房地产开发企业以非货币交易方式取得土地使用权的，其成本确定有以下两种方式。

● 企业、单位以换取开发产品为目的，将土地使用权投资到房地产企业的，按下列规定进行处理：一是换取的开发产品如为该项土地开发、建造的，接受投资的企业在接受土地使用权时暂不确认其成本，待首次分出开发产品时，再按应分出开发产品（包括首次分出的和以后应分出的）的市场公允价值和土地使用权转移过程中应支付的相关税费计算确认该项土地使用权的成本。如涉及补价，土地使用权的取得成本还应加上应支付的补价款或减除应收到的补价款。二是换取的开发产品如为其他土地开发、建造的，接受投资的企业在投资交易发生时，按应付出开发产品市场公允价值和土地使用权转移过程中应支付的相关税费计算确认该项土地使用权的成本。如涉及补价，土地使用权的取得成本还应加上应支付的补价款或减除应收到的补价款。

- 企业、单位以股权的形式，将土地使用权投资企业的，接受投资的企业应在投资交易发生时，按该项土地使用权的市场公允价值和土地使用权转移过程中应支付的相关税费计算确认该项土地使用权的取得成本。如涉及补价，土地使用权的取得成本还应加上应支付的补价款或减除应收到的补价款。

7.　计税成本凭证的规定

房地产开发企业在结算计税成本时，其实际发生的支出应当取得但未取得合法凭据的，不得计入计税成本，待实际取得合法凭据时，再按规定计入计税成本。

8.　计税成本核算终止日

开发产品完工以后，企业可在完工年度企业所得税汇算清缴前选择确定计税成本核算的终止日，不得滞后。凡已完工开发产品在完工年度未按规定结算计税成本的，主管税务机关有权确定或核定其计税成本，据此进行纳税调整，并按《中华人民共和国税收征收管理法》的有关规定对其进行处理。

4.2.5　成本费用的扣除

房地产开发企业在进行成本、费用的核算与扣除时，必须按规定区分期间费用和开发产品计税成本、已销开发产品计税成本与未销开发产品计税成本。

企业发生的期间费用、已销开发产品计税成本、营业税金及附加、土地增值税准予当期按规定扣除。

1.　已销开发产品计税成本结转

已销开发产品成本是完工年度房地产开发企业的最重要的成本，结转是否正确，直接影响当年度应纳税所得额的计算。

已销开发产品的计税成本，按当期已实现销售的可售面积和可售面积单位工程成本确认。可售面积单位工程成本和已销开发产品的计税成本按下列公式计算确定：

可售面积单位工程成本=成本对象总成本÷成本对象总可售面积

已销开发产品的计税成本=已实现销售的可售面积×可售面积单位工程成本

2. 日常维护、保养、修理费用的扣除

企业对尚未出售的已完工开发产品和按照有关法律、法规或合同规定对已售开发产品（包括共用部位、共用设施设备）进行日常维护、保养、修理等实际发生的维修费用，准予在当期据实扣除。

3. 维修基金的扣除

企业将已计入销售收入的共用部位、共用设施设备维修基金按规定移交给有关部门、单位的，应于移交时扣除。

4. 公共配套的扣除

企业在开发区内建造的会所、物业管理场所、电站、热力站、水厂、文体场馆、幼儿园等配套设施，按以下规定进行处理：属于非营利性且产权属于全体业主的，或无偿赠与地方政府、公用事业单位的，可将其视为公共配套设施，其建造费用按公共配套设施费的有关规定进行处理。属于营利性的，或产权归企业所有的，或未明确产权归属的，或无偿赠与地方政府、公用事业单位以外其他单位的，应当单独核算其成本。除企业自用应按建造固定资产进行处理外，其他一律按建造开发产品进行处理。

企业在开发区内建造的邮电通讯、学校、医疗设施应单独核算成本，其中，由企业与国家有关业务管理部门、单位合资建设，完工后有偿移交的，国家有关业务管理部门、单位给予的经济补偿可直接抵扣该项目的建造成本，抵扣后的差额应调整当期应纳税所得额。

5. 担保损失的扣除

企业采取银行按揭方式销售开发产品的，凡约定企业为购买方的按揭贷款提供担保的，其销售开发产品时向银行提供的保证金（担保金）不得从销售收入中减除，也不得作为费用在当期税前扣除，但实际发生损失时可据实扣除。

6. 境外代理销售费用的扣除

企业委托境外机构销售开发产品的，其支付境外机构的销售费用（含佣金或手续费）不超过委托销售收入 10%的部分，准予据实扣除。

7. 利息支出的扣除

企业的利息支出按以下规定进行处理：

企业为建造开发产品借入资金而发生的符合税收规定的借款费用，可按企业会计准则的规定进行归集和分配，其中属于财务费用性质的借款费用，可直接在税前扣除。

企业集团或其成员企业统一向金融机构借款分摊集团内部其他成员企业使用的，借入方凡能出具从金融机构取得借款证明文件的，可以在使用借款的企业间合理地分摊利息费用，使用借款的企业分摊的合理利息准予在税前扣除。

8. 损失的扣除

企业因国家无偿收回土地使用权而形成的损失，可作为财产损失按有关规定在税前扣除。

企业开发产品（以成本对象为计量单位）整体报废或毁损，其净损失按有关规定审核确认后准予在税前扣除。

9. 开发产品转自用折旧的扣除

企业开发产品转为自用的，其实际使用时间累计未超过 12 个月又销售的，不得在税前扣除折旧费用。

10. 预提成本

除以下三项预提（应付）费用外，计税成本均应为实际发生的成本。

出包工程未最终办理结算而未取得全额发票的，在证明资料充分的前提下，其发票不足金额可以预提，但最高不得超过合同总金额的 10％。

公共配套设施尚未建造或尚未完工的，可按预算造价合理预提建造费用。此类公共配套设施必须符合已在售房合同、协议或广告、模型中明确承诺建造且不可撤销，或按照法律法规规定必须配套建造的条件。

应向政府上交但尚未上交的报批报建费用、物业完善费用可以按规定预提。物业完善费用是指按规定应由企业承担的物业管理基金、公建维修基金或其他专项基金。

4.2.6 企业风险诊断自查重点

竣工销售环节，企业所得税风险诊断自查重点详见表 4-1。

表 4-1 竣工销售环节企业所得税风险诊断自查重点

项目	自查事项
收入自查	完工开发产品销售收入确认是否及时完整，收取的价款和价外费用是否按规定入账，有无隐匿收入不确认、长期挂往来帐或存在账外收入的情况；有无故意压低售价转移收入的行为
	视同销售是否按规定及时申报纳税，申报价格是否公允
	是否及时计算预售收入的实际毛利额，并将其与预计毛利额之间的差额，计入当年度本项目的应纳税所得额
开发成本自查	土地征用及拆迁补偿费、前期工程费、建筑安装费、基础设施费、公共配套设施费、开发间接费用等项目的入账是否真实、准确
	是否准确区分期间费用和成本，以及开发产品建造成本和销售成本的界限
	土地征用及拆迁补偿费等是否按成本对象进行归集，是否将成本对象完工后实际发生的费用全部计入当期销售成本
	分期开发项目是否存在将后期土地成本列入前期扣除的情形，分期开发共同发生的费用是否合理分摊
	土地成本分摊是否正确。是否存在自用房产、配套用房等不分摊或少分摊成本的情形
	以承担政府无偿配建项目作为取得土地所支付的成本，审核政府文件或有关合同，检查所发生的成本是否真实
	设计费发票是否合规。设计费发票应在设计单位机构所在地开具，对于异地设计单位在劳务发生地开具的发票，属于不符合规定的发票，不能在税前扣除
	是否存在利用购进苗木加大税前扣除成本和虚列"甲供材料"加大建筑安装工程成本的情形
	是否存在以虚构工程项目、工程量虚增成本的情形，检查长期挂账的大额应付款，是否为虚增成本
	是否利用关联交易，从关联方购进材料、发包工程等情况，是否人为提高材料购进价格或建安费用
	检查票据的合法性

4.2.7 税务机关风险评估比对的重点

税务机关风险评估的重点主要有以下方面。

1. 土地取得成本与增值税纳税申报已扣除土地成本进行比对，对于增值税申报时未涉及的扣除项目，应列为重点检查项目。

2. 利用税务机关契税征管中获取的数据进行比对分析，检查销售收入、销售面积是否相符。

3. 与国税金税三期系统（或房地产建筑一体化管理信息系统）统计的建筑安装企业对本项目的开票信息进行比对。

4. 与当地当期同类开发开发平均建筑安装成本或当地建设部门公布的单位定额成本进行比对。

5. 获取的当地拆迁管理部门核发的《房屋拆迁许可证》，与拆迁安置补偿协议进行比对，检查是否存在虚增拆迁户或补偿金额多列拆迁费的情形。

6. 比对建筑工程施工合同，审核是否存在甲供材料。

7. 比对建筑工程竣工决算书，审核是否存在加大决算规模，虚增决算造价的情形。

8. 将建设工程总承包合同与建设部门备案情况进行比对。检查是否存在"阴阳合同"，是否与工程招投标中标通知书一致。

4.3 城镇土地使用税纳税义务截止

房地产开发企业的开发产品在完工后，需要根据合同交付给客户，而城镇土地使用税也随着产品交付而终止纳税义务。

关于城镇土地使用税纳税义务截止时间，按照税务总局的规定，房地产开发企业应纳税款的计算应截至房产、土地的实物或权利状态发生变化的当月末。

在实务中，基层税务机关一般按照房屋交付为判定时点，即房地产开发企业开发的商品房已经销售的，应自房屋交付使用之次月起，按照交付使用商品房屋的建筑面积所应分摊的土地面积相应调减应税土地面积。

房屋交付使用，是指房地产开发企业按照售房合同的规定，将房屋已销售给购房人且购房人已办理了房屋土地使用权证或者房屋产权证，房屋所占有的土地已发生实际转移的行为。

对购房人非个人原因无法及时取得土地使用权证或房屋产权证的，只要房地产开发企业按照销售合同的规定，已将房屋销售发票全额开付给购房人且购房人的购房款项已全部结清，或者已将房屋的钥匙交付给购房人，都可以视同房屋已交付使用。

在开发产品交付期间或竣工后销售持续期间，城镇土地使用税的每期应纳税额，会随着产品交付而发生变化。

房地产开发企业应纳城镇土地使用税计算公式为：

应纳城镇土地使用税=开发初期应税土地总面积×城镇土地使用税单位税额标准×（1－累计售出房屋建筑面积/房屋建筑总面积）÷缴纳期限

房地产开发企业的开发项目有两个或两个以上或一个开发项目分期开发的，应分别计算和缴纳开发商品房用地的应纳城镇土地使用税。

房地产开发企业纳税人应建立房地产开发企业城镇土地使用税纳税备查帐簿，如实记载和反映企业占用的土地面积、商品房销售情况及因销售商品房而减少应税土地面积等有关情况，避免少缴或多缴城镇土地使用税。

房地产开发企业在本环节风险诊断自查的重点是因销售而减少的应税面积的计算是否正确。

税务机关在本环节风险评估比对的重点如下：

- 比对房管部门传递的商品房销售面积与土地使用税申报累计扣除面积是否相符。

- 比对增值税申报当期申报销售面积与土地使用税申报扣除面积是否相符。

第 5 章
项目清算环节

房地产开发企业所开发的开发产品完成销售符合应清算或可清算条件的，应办理土地增值税清算。同时，房地产开发企业一般按项目设立公司，在开发产品销售完成后，需要对项目公司进行清算注销。办理清算注销前，需要办理企业所得税清算手续。

项目清算环节主要涉及土地增值税、企业所得税。

房地产开发企业在本环节税务管理的重点是土地增值税清算及企业所得税退税，企业所得税清算以及项目注销过程中的涉税事项办理。

5.1　土地增值税清算及税务风险管理

土地增值税清算，是指纳税人依照税收法律、法规的规定，计算符合清算条件的房地产开发项目应缴纳的土地增值税税额，并按照规定的程序和时限，向税务机关提供有关资料，办理清算手续，结清税款的行为。

5.1.1　土地增值税清算条件

土地增值税清算包括应清算和可清算两种情形。

1. 应清算的情形

房地产开发企业开发的项目，符合下列情形之一的，应进行土地增值税清算：

- 房地产开发项目全部竣工、完成销售的。竣工，是指除土地开发外，纳税人建造、开发的房地产开发项目，符合下列条件之一：房地产开发项目竣工证明材料已报房地产管理部门备案；房地产开发项目已开始投入使用，开发项目无论工程质量是否通过验收合格，或是否办理竣工（完工）备案手续以及会计决算手续，当纳税人开始办理开发项目交付手续（包括入住手续），或已开始实际投入使用时，为开发项目开始投入使用；房地产开发项目已取得了初始产权证明。

- 整体转让未竣工决算房地产开发项目的。

- 直接转让土地使用权的。

2. 可清算的情形

房地产开发企业开发的项目，符合下列情形之一的，主管税务机关可要求纳税人进行土地增值税清算：

- 已竣工验收的房地产开发项目，已转让的房地产建筑面积占整个项目可售建筑面积的比例在 85%以上，或该比例虽未超过 85%，但剩余的可售建筑面积已经出租或自用的。

- 取得销售（预售）许可证满三年仍未销售完毕的。

- 纳税人申请注销税务登记但未办理土地增值税清算手续的，应在办理注销登记前进行土地增值税清算。

- 省税务机关规定的其他情况。

5.1.2　土地增值税清算手续办理时限

对于符合清算或可清算条件的房地产开发企业，应在规定时间内进行清算。

1. 对于应进行土地增值税清算的项目，房地产开发企业应当在满足条件之日起 90 日内到主管税务机关办理清算手续。

2. 对于可要求房地产开发企业进行土地增值税清算的项目，由主管税务机关确定是否进行清算；对于确定需要进行清算的项目，由主管税务机关下达清算通知，纳税人应当在收到清算通知之日起 90 日内办理清算手续。

应进行土地增值税清算的纳税人或经主管税务机关确定需要进行清算的纳税人，在上述规定的期限内拒不清算或不提供清算资料的，主管税务机关可依据《中华人民共和国税收征收管理法》的有关规定处理。

5.1.3　土地增值税清算应报送的材料

房地产开发企业办理土地增值税清算应报送以下资料：

1. 土地增值税清算表及其附表。

2. 房地产开发项目清算说明，主要内容应包括房地产开发项目立项、用地、开发、销售、关联方交易、融资、税款缴纳等基本情况及主管税务机关需要了解的其他情况。

3. 项目竣工清算报表，当期财务会计报表等。

4. 国有土地使用权证书。

5. 取得土地使用权时所支付的地价款有关证明凭证及国有土地使用权出让或转让合同。

6. 房地产项目的预算、概算书、项目工程合同结算单。

7. 按房地产项目支付贷款利息的有关证明及借款合同。

8. 商品房购销合同统计表，包含：销售项目栋号、房间号、销售面积、销售收入、用途等。

9. 清算项目的工程竣工验收报告。

10. 清算项目的销售许可证。

11. 与转让房地产有关的完税凭证，包括：已缴纳的城市维护建设税、教育费附加、地方教育附加等。

12. 委托税务中介机构审核鉴证的清算项目，还应报送中介机构出具的《土地增值税清算税款鉴证报告》。

13. 税务机关要求报送的其他与清算有关的证明资料等。

5.1.4 土地增值税清算单位

准确确定清算单位是土地增值税清算工作的关键环节。清算单位确定不同，会导致不同的清算结果。

1. 土地增值税应以国家有关部门审批的房地产开发项目为单位进行清算。对于分期开发的项目，以分期项目为单位清算。

国家有关部门一般是指发展和改革委员会。如果发展和改革委员会项目批文中未明确分期，一般是以整体项目为单位进行土地增值税清算。如果发展和改革委员会项目批文中明确了分期，则应当以分期项目为单位进行土地增值税清算。

有些项目开发周期较长，房地产开发企业自行分期进行开发。如果以发展和改革委员会项目批准的整体项目（或者分期项目）为单位清算，时间跨度太长，会加大清算难度，造成土地增值税难以计算，也不利于土地增值税及时入库。因此，对国家有关部门批准的开发项目或分期项目开发周期较长，房地产开发企业自行分期开发，其收入、成本、费用按规定分别归集的，主管税务机关可结合该项目建设工程规划许可证将自行分期项目确定为清算单位。

房地产开发企业在确定清算单位时，应根据各地政策确定。

2. 开发项目中同时包含普通住宅和非普通住宅的，应分别计算增值额。

5.1.5　应税收入

纳税人转让房地产的收入包括转让房地产的全部价款及有关的经济收益，包括货币收入、实物收入和其他收入。土地增值税纳税人转让房地产取得的收入为不含增值税收入。

土地增值税清算时，已全额开具商品房销售发票的，按照发票所载金额确认收入；未开具发票或未全额开具发票的，以交易双方签订的销售合同所载的售房金额及其他收益确认收入。销售合同所载商品房面积与有关部门实际测量面积不一致，在清算前已发生补、退房款的，应在计算土地增值税时予以调整。

转让房地产成交价格明显偏低的，税务机关有权要求房地产开发企业提供书面说明。若成交价格明显偏低又无正当理由，税务机关有权进行调整。

1. 代收费用

对房地产开发企业按县级以上人民政府的规定在售房时代收的各项费用，应区分不同情形分别处理。

如果代收费用是计入房价中向购买方一并收取的，应将代收费用作为转让房地产所取得的收入计税。实际支付的代收费用，在计算扣除项目金额时，可予以扣除，但不允许作为加计 20% 扣除的基数。

代收费用在房价之外单独收取且未计入房地产价格的，不作为转让房地产的收入，在计算增值额时不允许扣除代收费用。

2. 视同销售收入

房地产开发企业将开发产品用于职工福利、奖励、对外投资、分配给股东或投资人、抵偿债务、换取其他单位和个人的非货币性资产等，如果发生所有权转移应视同销售房地产，其收入按下列方法和顺序确认：

- 按本企业在同一地区、同一年度销售的同类房地产的平均价格确定。
- 由主管税务机关参照当地当年同类房地产的市场价格或评估价值确定。

3. 自用或出租

房地产开发企业将开发的部分房地产转为企业自用或用于出租等商业用途时，如果产权未发生转移，不征收土地增值税，在税款清算时不列收入，不扣除相应的成本和费用。

5.1.6　扣除项目金额的分摊原则

土地增值税清算扣除项目包括：取得土地使用权所支付的金额；房地产开发成本，包括：土地征用及拆迁补偿费、前期工程费、建筑安装工程费、基础设施费、公共配套设施费、开发间接费用；房地产开发费用；与转让房地产有关的税金；国家规定的其他扣除项目。

1. 纳税人分期开发项目或者同时开发多个项目的，或者同一项目中建造不同类型房地产的，应按照受益对象，采用合理的分配方法，分摊共同的成本费用。

- 占地面积法：即按照房地产土地使用权面积占土地使用权总面积的比例计算分摊；
- 建筑面积法：即按照房地产建筑面积占总建筑面积的比例计算分摊；
- 直接成本法：即按照受益对象或清算单位直接归集成本费用；
- 税务机关确认的其他合理方法。

2. 属于多个清算单位共同发生的扣除项目金额，原则上按建筑面积法分摊，如无法按建筑面积法分摊，应按占地面积法分摊或税务机关确认的其他合理方法分摊。

3. 同一清算单位发生的扣除项目金额，原则上应按建筑面积法分摊。对于纳税人能够提供相关证明材料，单独签订合同并独立结算的成本，可按直接成本法归集。

4. 同一清算单位中纳税人可以提供土地使用权证或规划资料及其他材料证明该类型房地产属于独立占地的，取得土地使用权所支付的金额和土地征用及拆迁补偿费可按占地面积法计算分摊。

5. 同一清算单位中部分转让国有土地使用权或在建工程，其共同受益的项目成本，无法按照建筑面积法分摊计算的，可按照占地面积法或税务机关确认的其他合理方法进行分摊。

5.1.7 扣除项目金额的一般规定

扣除项目金额的一般规定有：

1. 经济业务应当是真实发生的，且是合法、相关的。

2. 扣除项目金额中所归集的各项成本和费用，必须实际发生并取得合法有效凭证。合法有效凭证，一般是指：支付给境内单位或者个人的款项，且该单位或者个人发生的行为属于增值税征收范围的，以开具的发票为合法有效凭证。支付的行政事业性收费或者政府性基金，以开具的财政票据为合法有效凭证。支付给境外单位或者个人的款项，以该单位或者个人的签收单据为合法有效凭证，税务机关对签收单据有疑义的，可以要求纳税人提供境外公证机构的确认证明。属于境内代扣代缴税款的，按税务机关相关规定执行。财政部、国家税务总局规定的其他合法有效凭证。

3. 预提费用，除另有规定外，不得扣除。

4. 扣除项目金额应当准确地在各扣除项目中分别归集，不得混淆。

5. 对同一类事项，应当采取相同的会计政策或处理方法。会计核算与税务处理规定不一致的，以税务处理规定为准。

6. 支付的罚款、滞纳金、资金占用费、罚息以及与该类款项相关的税金和因逾期开发支付的土地闲置费等罚没性质款项，不允许扣除。

5.1.8 扣除项目金额的具体规定

1. 取得土地使用权所支付的契税计入"取得土地使用权所支付的金额"准予扣除。对因容积率调整等原因补缴的土地出让金及契税，准予扣除。

2. 土地征用及拆迁补偿费。

房地产企业用建造的本项目房地产安置回迁户的，安置用房视同销售处理，其收入按下列方法和顺序确认：由主管税务机关参照当地当年、同类房地产的市场价格或评估价值确定。同时，将此确认为房地产开发项目的拆迁补偿费。房地产开发企业支付给回迁户的补差价款，计入拆迁补偿费。回迁户支付给房地产开发企业的补差价款，应抵减本项目拆迁补偿费。

如果开发企业采取异地安置，异地安置的房屋属于自行开发建造的，房屋价值按下列方法和顺序确认：由主管税务机关参照当地当年、同类房地产的市场价格或评估价值确定。计入本项目的拆迁补偿费。异地安置的房屋属于购入的，以实际支付的购房支出计入拆迁补偿费。

货币安置拆迁的，房地产开发企业凭合法有效凭据计入拆迁补偿费。

3. 建筑安装工程费。

采用自营方式自行施工建设的，应准确核算施工人工费、材料费、机械台班使用费等。

工程竣工验收后，根据合同约定扣留的质量保证金，在清算截止日已取得建筑安装施工企业发票的，按发票所载金额予以扣除；未取得发票的，扣留的质保金不得计算扣除。

纳税人应确保所取得相关发票的真实性和所载金额的准确性，以及所提供建筑安装工程费与其施工方登记的建安项目开票信息保持一致。

4. 纳税人销售已装修的房屋，其发生的合理的装修费用可以计入房地产开发成本。

　　房地产开发企业销售已装修房屋，应当在《商品房买卖合同》或补充合同中明确约定。没有明确约定的，装修费用不得计入房地产开发成本。需要注意的是，上述装修费用不包括房地产开发企业自行采购或委托装修公司购买的家用电器、可移动家具、日用品、可移动装饰用品（如窗帘、装饰画等）所发生的支出。

　　房地产开发企业销售已装修的房屋时，随房屋一同出售的家具、家电，如果安装后不可移动，成为房屋的组成部分，并且拆除后影响或丧失其使用功能的，如整体中央空调、户式小型中央空调、固定式衣柜橱柜等，其外购成本计入开发成本予以扣除。

　　房地产开发企业在清算单位以外单独建造样板房的，其建造费用、装修费用不得计入房地产开发成本。纳税人在清算单位内装修的样板房并作为开发产品对外转让，且《商品房买卖合同》明确约定装修价值体现在转让价款中的，其发生的合理的样板房装修费用可以计入房地产开发成本。

　　5. 公共配套设施费

　　公共配套设施包括房地产开发企业开发建造的与清算项目配套的居委会和派出所用房、会所、停车场（库）、物业管理场所、变电站、热力站、水厂、文体场馆、学校、幼儿园、托儿所、医院、邮电通讯设施、人防工程等，为公共事业建造，不可销售的公共设施。

　　建成后产权属于全体业主所有的，其成本、费用可以扣除。其中"建成后产权属于全体业主所有的"，可以按照以下原则之一确认：政府相关文件中明确规定属于全体业主所有；经人民法院裁决属于全体业主共有；商品房销售合同、协议或合同性质凭证中注明有关公共配套设施归业主共有，或相关公共配套设施移交给业主委员会。

　　建成后无偿移交给政府、公用事业单位用于非营利性社会公共事业的，其成本、费用可以扣除，但应当提供政府、公用事业单位书面接收文件。纳税人建设的公共配套设施应由政府、公用事业单位接收，但因政府、公用事业单位原因不能接收或未能及时接收的，经接收单位或者政府主管部门出具书面材料证明相关设施确属公共配套设施，且说明不接收或未及时接收具体原因的，经主管税务机关审核确定后，其成本、费用予以扣除。

建成后有偿转让的，应计算收入，并准予扣除成本、费用。

预提的公共配套设施费不得扣除。房地产开发企业分期开发房地产项目但公共配套设施滞后建设的，在部分公共配套设施已建设、费用已实际发生并且已取得合法有效凭证的情况下，可按照各分期清算项目可售建筑面积占项目总可售建筑面积的比例计算清算项目可扣除的公共配套设施费，但不得超过已实际发生的金额。

房地产开发企业未移交的公共配套设施转为企业自用或用于出租等商业用途时，不予扣除相应的成本、费用。

6. 开发间接费用

开发间接费用是房地产开发企业直接组织、管理开发项目实际发生的费用，包括工资、职工福利费、折旧费、修理费、办公费、水电费、劳动保护费、周转房摊销等。行政管理部门、财务部门或销售部门等发生的管理费用、财务费用或销售费用以及企业行政管理部门（总部）为组织和管理生产经营活动而发生的管理费用不得列入开发间接费。

开发间接费用与纳税人的期间费用应按照现行企业会计准则或企业会计制度的规定分别核算。划分不清、核算混乱的期间费用，有可能被税务机关全部判定为房地产开发费用。

7.《中华人民共和国土地增值税暂行条例》等规定的土地增值税扣除项目涉及的增值税进项税额，允许在销项税额中计算抵扣的，不计入扣除项目；不允许在销项税额中计算抵扣的，可以计入扣除项目。

5.1.9 房地产开发费用

1. 财务费用中的利息支出，凡能够按转让房地产项目计算分摊并提供金融机构证明的，允许据实扣除，但最高不能超过按商业银行同类同期贷款利率计算的金额。其他房地产开发费用，在按照"取得土地使用权所支付的金额"与"房地产开发成本"金额之和的 5% 计算扣除。

2. 凡不能按转让房地产项目计算分摊利息支出或不能提供金融机构证明

的，房地产开发费用按"取得土地使用权所支付的金额"与"房地产开发成本"金额之和的 10%计算扣除。全部使用自有资金，没有利息支出的，按照本款扣除。

3．纳税人既向金融机构借款，又有其他借款的，其房地产开发费用计算扣除时不能同时适用前述 1、2 项所述两种办法。

4．清算时已经计入房地产开发成本的利息支出，应调整至财务费用中计算扣除。

5．纳税人据实列支利息支出的，应当提供贷款合同、利息结算单据或发票。

6．纳税人向金融机构支付的财务咨询费等非利息性质的款项，不得作为利息支出扣除。

7．纳税人向金融机构借款，因逾期还款，金融机构收取的超过贷款期限的利息、罚息等款项，不得作为利息支出扣除。

5.1.10　清算补缴税款是否加收滞纳金

房地产开发企业按规定预缴土地增值税后，清算补缴的土地增值税，在主管税务机关规定的期限内补缴的，不加收滞纳金。

5.1.11　清算后再转让房地产的处理

土地增值税清算时未转让的房地产，清算后转让的，按以下规定办理：

1．清算后再转让房地产的纳税人应在每季度终了后 15 日内进行纳税申报（含零申报）。

2．清算后再转让房地产应当区分普通住宅和其他商品房分别计算增值额、增值率，缴纳土地增值税。

3．清算后再转让房地产扣除项目金额按清算时确认的普通住宅、其他商品房单位建筑面积成本费用乘以转让面积确认。

清算时单位建筑面积成本费用=本次清算扣除项目总金额÷清算的总已售面积

上述公式中，"本次清算扣除项目总金额"不包括纳税人进行清算时扣除的与转让房地产有关的税金。

4. 清算后再转让房地产的有关税金在本次申报缴纳土地增值税时予以扣除。

5. 清算后再转让的房地产，按照上述方式计算的增值率未超过 20% 的普通住宅，免征土地增值税；增值率超过 20% 的，应征收土地增值税。

6. 房地产开发企业清算后再转让房地产的，对于买卖双方签订的房地产销售合同有约定付款日期的，纳税义务发生时间为合同签订的付款日期的当天；对于采取预收款方式的，纳税义务发生时间为收到预收款的当天。

7. 清算后再转让房地产的土地增值税计算方式应与项目的清算方式保持一致。以核定征收方式清算的项目再转让房地产的，按清算时核定征收率计征税款。

5.1.12 企业风险诊断自查重点

项目清算环节，土地增值税风险诊断自查重点详见表 5-1。

表 5-1 清算环节土地增值税企业风险诊断自查重点

项目	自查事项
收入自查	结合销售发票、销售合同、商品房销售（预售）许可证、房产销售分户明细表等资料，检查房地产销售面积与项目可售面积的数据关联性，核实计税收入是否完整
	如合同所载面积与实测面积不一致而发生补、退房款的，收入调整是否正确
	检查销售价格有无明显偏低的情形
	是否存在将开发产品用于职工福利、奖励、对外投资、分配给股东或投资人、抵偿债务、换取其他单位和个人非货币性资产等视同销售情形
	检查销售收入明细表，复核合同签订日期、交付使用日期、预售款确认、收入和成本的处理情况
	检查销售退回、销售折扣、折让业务是否真实，相关手续是否符合规定，折扣、折让的计算和会计处理是否正确。重点检查销售给关联方的房产价格是否公允，是否存在利用关联交易转移利润的情形
	以土地使用权投资开发项目的，是否按规定进行税务处理

项目	自查事项		
收入自查	采用按揭销售的，检查按揭款收入是否及时申报纳税，有无挂账（例如"其他应付款"）延迟做收入的情形		
	采用以房换地的，在房产移交使用时是否按视同销售不动产申报缴纳税款		
	采用"还本"方式销售商品房的，是否按规定申报纳税		
	采用以自行开发的商品房补偿给拆迁户的，是否按规定申报纳税		
	销售不动产过程中收取的价外费用，如天然气初装费、有线电视初装费等，是否按规定申报纳税		
	以房抵债或被法院拍卖的房产，是否按规定申报纳税		
	转让在建项目是否按规定申报纳税		
	以房产或土地作价入股投资或联营从事房地产开发，或者房地产开发企业以其建造的商品房进行投资或联营，是否按规定申报纳税		
代收费用自查	对于县级以上人民政府要求房地产开发企业在售房时代收的各项费用，检查其代收费用是否计入房价并向购买方一并收取；当代收费用计入房价时，检查有无将代收费用计入加计扣除以及房地产开发费用计算基数的情形		
扣除项目自查	土地征用及拆迁补偿费自查	同一宗土地有多个开发项目，是否予以分摊，分摊方法是否合理、合规，金额计算是否正确	
		是否存在将房地产开发费用记入取得土地使用权支付金额以及土地征用及拆迁补偿费的情形	
		拆迁补偿费是否实际发生，尤其是支付给个人的拆迁补偿款、拆迁（回迁）合同和签收花名册或签收凭证是否一一对应	
	前期工程费自查	检查前期工程费的各项实际支出与概预算是否存在明显异常	
		检查前期工程费是否真实发生，是否存在虚列情形	
		检查是否将房地产开发费用记入前期工程费	
	基础设施费自查	检查各项基础设施费是否取得合法有效的凭证	
		检查各项基础设施费是否存在以明显不合理的金额开具的各类凭证	
		检查是否存在将期间费用记入基础设施费用的情形	
		检查有无预提的基础设施费用	
		与项目概预算对比，分析概预算费用与实际费用是否存在明显异常	
		各项基础设施费的分摊和扣除是否符合有关税收规定	
	公共配套设施费自查	检查各项公共配套设施费用是否取得合法有效的凭证	
		有多个开发项目的，公共配套设施费用是否分项目核算，是否存在将其他项目的费用计入了清算项目	
		各项公共配套设施费用是否含有其他企业的费用	

续上表

项目		自 查 事 项
扣除项目自查	公共配套设施费自查	检查各项公共配套设施费用是否存在以明显不合理的金额开具的各类凭证
		检查是否将期间费用计入公共配套设施费用
		检查有无预提的公共配套设施费用
		与项目概预算比对，分析概预算费用与实际费用是否存在明显异常
		检查公共配套设施应负担的各项开发成本是否已经按规定进行分摊
		各项公共配套设施费的分摊和扣除是否符合有关税收规定
	建筑安装工程费自查	检查完工决算成本与工程概预算成本是否存在明显异常
		检查是否存在利用关联方承包或分包工程，增加或减少建筑安装成本的情形
		发生的费用是否与决算报告、审计报告、工程结算报告、工程施工合同记载的内容相符
		房地产开发企业采取甲供材料，是否存在通过施工企业重复计算扣除的情形
		参照当地当期同类开发项目单位平均建安成本或当地建设部门公布的单位定额成本，检查建筑安装工程费支出是否存在异常
		房地产开发企业采用自营方式自行施工建设的，关注有无虚列、多列施工人工费、材料费、机械使用费等情况
		建筑安装发票开具是否符合规定，是否在备注栏注明项目信息
	开发间接费用自查	检查各项开发间接费用是否取得合法有效凭证
		有多个开发项目的，开发间接费用是否分项目核算，是否存在应计入其他项目的费用计入了清算项目
		检查各项开发间接费用是否含有其他企业的费用
		检查各项开发间接费用是否存在以明显不合理的金额开具的各类凭证
		检查是否存在将企业行政管理部门（总部）为组织和管理生产经营活动而发生的管理费用计入开发间接费用的情形
		检查有无预提的开发间接费用
		在计算加计扣除项目基数时，审核是否剔除了已计入开发成本的借款费用
	利息支出自查	房地产开发企业开发项目的利息支出不能够提供金融机构证明的，检查利息支出是否按税收规定的比例计算扣除
		检查各项利息费用是否取得合法有效的凭证

项目		自 查 事 项
扣除项目自查	利息支出自查	分期开发项目或者同时开发多个项目的，其取得的一般性贷款的利息支出，是否按照项目合理分摊，是否将应计入其他项目的利息费用记入了清算项目
		检查各项借款合同，判断其相应条款是否符合有关规定
		检查利息费用是否超过按商业银行同类同期贷款利率计算的金额
		是否将利息支出从房地产开发成本中调整至开发费用
		利用闲置专项借款对外投资取得收益，其收益是否冲减利息支出
	与转让房地产有关的税金	检查与转让房地产有关的税金及附加的扣除范围是否符合税收规定，计算的扣除金额是否正确。对于不属于清算范围或者不属于转让房地产时发生的税金及附加，或者按照预售收入（不包括已经结转销售收入部分）计算并缴纳的税金及附加，不应作为清算的扣除项目
	加计扣除项目的自查	对取得土地（不论是生地还是熟地）使用权后，未进行任何形式的开发即转让的，检查是否按税收规定计算扣除项目金额，核实有无违反税收规定加计扣除的情形
		对于取得土地使用权后，仅进行土地开发（如"三通一平"等），不建造房屋即转让土地使用权的，检查是否按税收规定计算扣除项目金额，是否按取得土地使用权时支付的地价款和开发土地的成本之和计算加计扣除
		对于取得了房地产产权后，未进行任何实质性的改良或开发即再行转让的，检查是否按税收规定计算扣除项目金额，核实有无违反税收规定加计扣除的情形
		对于县级以上人民政府要求房地产开发企业在售房时代收的各项费用，检查其代收费用是否计入房价中向购买方一并收取，核实有无将代收费用作为加计扣除的基数的情形
	取得土地使用权时支付的契税自查	房地产开发企业为取得土地使用权所支付的契税，应视同"按国家统一规定交纳的有关费用"，计入"取得土地使用权所支付的金额"中扣除
	土地闲置费自查	房地产开发企业逾期开发缴纳的土地闲置费不得扣除
	质量保证金自查	房地产开发企业在工程竣工验收后，根据合同约定，扣留建筑安装施工企业一定比例的工程款，作为开发项目的质量保证金，在计算土地增值税时，建筑安装施工企业就质量保证金对房地产开发企业开具发票的，按发票所载金额予以扣除；未开具发票的，扣留的质保金不得计算扣除
关联交易自查		在检查收入和扣除项目时，应重点关注关联企业交易是否按照公允价值和营业常规进行业务往来。应当关注企业大额应付款余额，检查交易行为是否真实

5.1.13 税务机关风险评估比对的重点

税务机关税收风险评估比对的重点主要有以下方面：

1. 收入评估

- 结合系统采集的销售发票信息，与销售合同（含房管部门网上备案登记资料）、商品房销售（预售）许可证、房产销售分户明细表及其他有关资料进行比对，重点审核销售明细表、房地产销售面积与项目可售面积的数据关联性，以核实计税收入；对销售合同所载商品房面积与有关部门实际测量面积不一致，而发生补、退房款的收入调整情况进行审核。

- 与增值税和企业所得税申报收入数据进行比对，分析差异原因。

2. 扣除项目评估

- 比对增值税申报时扣除的土地价款数据信息。

- 比对纳税人取得的增值税进项发票信息。

- 比对企业所得税税前扣除成本信息。

- 委托中介结构出具审核报告的，与报告土增清算信息进行比对。

3. 四项成本比对

对开发土地和新建房及配套设施的成本中的前期工程费、基础设施费、建筑安装工程费、开发间接费用（简称四项成本），按有效凭证金额据实扣除。对纳税人进行土地增值税清算时，有下列情况之一的，应按核定办法扣除：

- 无法按清算要求提供开发成本核算资料的。

- 提供的开发成本资料不实的。

- 发现清算资料中存在虚假、不准确的涉税信息，影响清算税款计算结果的。

- 清算项目中四项成本的每平方米建安成本扣除额，明显高于项目所在地税务机关、住房和城乡建设部门等制定的分类房产单位面积工程造价金额，又无正当理由的。

税务机关根据住房和城乡建设部门定期公布的建安指导价格，结合商品房用途、结构等因素制定并公布分类房产单位面积建安造价信息，作为四项开发成本核定的依据。

5.2 企业所得税退税及税务风险管理

房地产开发企业由于土地增值税清算造成的亏损，如果公司尚无法进行税务注销，对于因土地增值税清算造成的多缴的企业所得税可以申请退税。

5.2.1 申请退税时间

1. 企业按规定对开发项目进行土地增值税清算后，当年企业所得税汇算清缴出现亏损且有其他后续开发项目的，该亏损应按照税法规定向以后年度结转，用以后年度所得弥补。后续开发项目，是指正在开发以及中标的项目。

我国企业所得税法允许企业纳税年度发生的亏损向以后年度结转，用以后年度的所得弥补，但结转年限最长不得超过五年。五年内不论是盈利或亏损，都作为实际弥补年限计算。如果纳税年度内企业取得的收入可以弥补前五年的亏损总额，则无论前五年是否全部发生亏损，本年度的收入只能弥补此前五年内发生的亏损额。

例5-1：易瑾地产（一般纳税人）2018年度弥补亏损前应纳税所得额1 000万元，2017年度亏损400万元，2016年度亏损200万元，2015年度亏损180万元，2014年度亏损100万元，2013年度亏损80万元，2012年度亏损50万元。请问2018年度弥补亏损及应纳企业所得税应如何计算。

解析：2012年度亏损已经超过5年，不能再进行弥补。

可弥补亏损=400+200+180+100+80=960（万元）

2018年度应纳税所得额=1000-960=40（万元）

2018年度应纳所得税=40×25%=10（万元）

2. 企业按规定对开发项目进行土地增值税清算后，当年企业所得税汇算清缴出现亏损，且没有后续开发项目的，可以计算该项目由于土地增值税原因导致的项目开发各年度多缴企业所得税税款，并申请退税。

5.2.2　多缴企业所得税款计算方法

1. 该项目缴纳的土地增值税总额，应按照该项目开发各年度实现的项目销售收入占整个项目销售收入总额的比例，在项目开发各年度进行分摊，具体按以下公式计算：

各年度应分摊的土地增值税=土地增值税总额×（项目年度销售收入÷整个项目销售收入总额）

销售收入包括视同销售房地产的收入，但不包括企业销售的增值额未超过扣除项目金额20%的普通标准住宅的销售收入。

2. 该项目开发各年度应分摊的土地增值税减去该年度已经在企业所得税税前扣除的土地增值税后，余额属于当年应补充扣除的土地增值税；企业应调整当年度的应纳税所得额，并按规定计算当年度应退的企业所得税税款；当年度已缴纳的企业所得税税款不足退税的，应作为亏损向以后年度结转，并调整以后年度的应纳税所得额。

3. 按照上述方法进行土地增值税分摊调整后，导致相应年度应纳税所得额出现正数的，应按规定计算缴纳企业所得税。

4. 企业按上述方法计算的累计退税额，不得超过其在该项目开发各年度累计实际缴纳的企业所得税；超过部分作为项目清算年度产生的亏损，向以后年度结转。

例5-2：易瑾地产（一般纳税人）2016年1月在京州市开发建设东丽温泉小镇项目，2018年9月项目全部竣工并销售完毕，12月进行土地增值税清算，整个项目共缴纳土地增值税1 200万元，其中2016年、2017年、2018年预缴土地增值税分别为280万元、350万元、70万元；2018年清算后补缴土地增值税500万元。2016年、2017年、2018年实现的项目销售收入分别为14 000万元、

17 500万元、3 500万元，缴纳的企业所得税分别为50万元、350万元、0万元。2018年度汇算清缴亏损，应纳税所得额为-375万元。企业没有后续开发项目，拟申请退税。请问如何具体计算。

解析：退税具体计算详见表5-2。

表5-2　企业所得税退税计算表　　　　　　　　　　单位：万元

项　　目	2016年	2017年	2018年
预缴土地增值税	280	350	70
补缴土地增值税	-	-	500
分摊土地增值税	480[1 200×（14 000÷35 000）]	600[1 200×（17 500÷35 000）]	120[1 200×（3 500÷35 000）]
应纳税所得额调整	-200 （280-480）	-250 （350-600）	450 （70+500-120）
调整后应纳税所得额	—	—	75 （-375+450）
应退企业所得税	50（200×25%）	62.5（250×25%）	—
已缴纳企业所得税	50	350	0
实退企业所得税	0	62.5	—
亏损结转（调整后）	0	—	—
应补企业所得税	—	—	18.75 （75×25%=18.75）
累计退税额	—	—	43.75（0+62.5-18.75）

5.2.3　需报送的资料

房地产开发企业在申请退税时，应向主管税务机关提供书面材料说明应退企业所得税款的计算过程，包括该项目缴纳的土地增值税总额、项目销售收入总额、项目年度销售收入额、各年度应分摊的土地增值税和已经税前扣除的土地增值税、各年度的适用税率，以及是否存在后续开发项目等情况。

5.2.4　企业风险诊断自查重点

房地产开发企业在清算环节重点是复核计算的退税款是否正确。

5.2.5　税务机关风险评估比对的重点

税务机关风险评估比对涉及年度企业所得税汇算清缴结果，对于土地增值税清算中调整的事项，要核实是否涉及以前年度企业所得税调整。

第 6 章

自持租赁环节

为了建立购租并举的住房制度，2017 年 5 月住房和城乡建设部《住房租赁和销售管理条例（征求意见稿）》发布，住房租赁管理制度层级上升，住房租赁市场进入法治化进程。7 月 18 日，九部委出台《关于在人口净流入的大中城市加快发展住房租赁市场的通知》，指出要在人口净流入的大中城市加快发展住房租赁市场。各地方政府积极响应，纷纷推出具体措施大力发展租赁市场，相关政策主要围绕增加供应、扩大需求及完善租赁市场秩序三个方面进行，"竞自持"甚至"全自持"的出让方式被热点城市作为平稳土地价格而广泛应用。

面对未来将持续供应且越来越多的自持住宅用地，房地产开发企业也面临转型的机遇和挑战，租赁市场的大力发展将改变房地产市场现有格局。

自持租赁环节主要涉及增值税、房产税、企业所得税、印花税、城镇土地使用税。

自持租赁环节税务管理的重点：一是租金收入涉及的增值税、房产税、印花税的准确计算和缴纳；二是资产证券化过程中的税务安排。

6.1　不动产经营租赁服务的增值税税务风险管理

营改增后，纳税人提供不动产经营租赁服务应计算缴纳增值税。营改增政策对从事不动产经营租赁的纳税人在纳税地点和征收机关等方面都作出了特殊规定。

经营租赁服务，是指在约定时间内将有形动产或者不动产转让给他人使用且租赁物所有权不变更的业务活动。

按照标的物的不同，经营租赁服务可分为有形动产经营租赁服务和不动产经营租赁服务。

将建筑物、构筑物等不动产或者飞机、车辆等有形动产的广告位出租给其他单位或者个人用于发布广告，按照经营租赁服务缴纳增值税。

车辆停放服务、道路通行服务（包括过路费、过桥费、过闸费等）等按照不动产经营租赁服务缴纳增值税。

经营租赁和融资租赁两者性质不同，融资租赁的目的是取得租赁标的物的所有权，而经营租赁的目的是获得租赁标的物一段时间内的使用权；融资租赁一般以融资额来计算租金，经营性租赁以租赁标的物占用时间计算租金；融资租入的不动产，在租入方进行会计核算，经营租赁方式租入的不动产，不在租入方核算，而在出租方核算。

6.1.1　提供不动产经营租赁服务的征税范围

纳税人以经营租赁方式出租其取得的不动产，按照国家税务总局《纳税人提供不动产经营租赁服务增值税征收管理暂行办法》执行。

取得的不动产，包括以直接购买、接受捐赠、接受投资入股、自建以及抵债等各种形式取得的不动产。

6.1.2　一般纳税人出租不动产的计税方法和纳税地点

一般纳税人出租不动产，按照以下规定缴纳增值税：

1. 一般纳税人出租其 2016 年 4 月 30 日前取得的不动产，可以选择适用简易计税方法，按照 5% 的征收率计算应纳税额。

不动产所在地与机构所在地不在同一县（市、区）的，纳税人应按照上述计税方法向不动产所在地主管国税机关预缴税款，向机构所在地主管国税机关申报纳税。

不动产所在地与机构所在地在同一县（市、区）的，纳税人向机构所在地主管国税机关申报纳税。

需要注意的是，为减轻纳税人的办税负担，不动产所在地与机构所在地在同一县（市、区）的，纳税人不需要预缴，直接在机构所在地申报缴纳出租不动产的收入，计算纳税即可。

例6-1：易瑾地产（一般纳税人）注册地在京州市东丽区，2015年在汉江市购买一栋写字楼用于出租，选择简易计税方法。2016年5月1日之后易瑾地产税务应如何处理？

解析：易瑾地产机构所在地在京州市东丽区，不动产在汉江市，不动产所在地与机构所在地不在同一县（市、区），因此易瑾地产应向不动产所在地预缴税款。易瑾地产选择简易计税方法，按照租金收入，依据5%的征收率计算应纳税额，向汉江市不动产所在地主管国税机关预缴税款，而后回机构所在地京州市东丽区，以同样的计税方法向主管国税机关申报纳税。

例6-2：易瑾地产（一般纳税人）注册地在京州市东丽区，2015年在本市东丽区购买一栋写字楼用于出租，选择简易计税方法。2016年5月1日之后易瑾地产税务应如何处理？

解析：易瑾地产机构所在地和不动产所在地都是京州市东丽区，因此不需要预缴税款。易瑾地产以租金收入，按照5%的征收率计算应纳税额，向东丽区主管国税机关申报纳税即可。

2. 一般纳税人出租其2016年5月1日后取得的不动产，适用一般计税方法计税。

不动产所在地与机构所在地不在同一县（市、区）的，应按照3%的预征率向不动产所在地主管国税机关预缴税款，向机构所在地主管国税机关申报纳税。

不动产所在地与机构所在地在同一县（市、区）的，纳税人应向机构所在地主管国税机关申报纳税。

需要注意的是：

一是一般纳税人出租其2016年4月30日前取得的不动产适用一般计税方法计税的，按照上述规定执行。

二是采用一般计税方法的预征率是3%，不是5%。原因是，营改增后，预计一般纳税人的税负将低于5%。如果按照5%的征收率在不动产所在地预缴了税款，在机构所在地实际申报时税负低于5%时，纳税人就多缴了税款，是否退税、如何退税将会非常烦琐，因此采用了3%的预征率。

例6-3：易瑾地产（一般纳税人）注册地在京州市东丽区，2017年在汉江市购买一栋写字楼用于出租，2019年5月1日起对外出租每月租金1 000万元。请问易瑾地产如何预缴税款？

解析：易瑾地产机构所在地在京州市东丽区，不动产在汉江市，不动产所在地与机构所在地不在同一县（市、区），因此易瑾地产应向不动产所在地预缴税款。易瑾地产属于一般纳税人，按照租金收入，依据3%的预缴率计算应纳税额，向汉江市不动产所在地主管国税机关预缴税款，而后在机构所在地京州市东丽区，以销项税额减进项税额的方法向主管国税机关申报纳税。

应预缴税款=1 000÷（1+9%）×3%=27.53（万元）

6.1.3　小规模纳税人出租不动产的计税方法和纳税地点

小规模纳税人出租不动产，按照以下规定缴纳增值税：

1. 单位和个体工商户出租不动产（不含个体工商户出租住房），按照 5% 的征收率计算应纳税额。个体工商户出租住房，按照 5%的征收率减按 1.5% 计算应纳税额。

需要注意的是，不动产的范围大于住房，个体工商户只有出租住房时才可按照 5% 的征收率减按 1.5%计算应纳税额。

不动产所在地与机构所在地不在同一县（市、区）的，纳税人应按照上述计税方法向不动产所在地主管国税机关预缴税款，向机构所在地主管国税机关申报纳税。

不动产所在地与机构所在地在同一县（市、区）的，纳税人应向机构所在地主管国税机关申报纳税。

2. 其他个人出租不动产（不含住房），按照 5%的征收率计算应纳税额，向不动产所在地主管地税机关申报纳税。

其他个人出租住房，按照 5%的征收率减按 1.5%计算应纳税额，向不动产所在地主管地税机关申报纳税。

6.1.4　预缴税款的计算

1. 一般纳税人出租不动产适用一般计税方法计税的，按照以下公式计算应预缴税款：

应预缴税款 = 含税销售额 ÷ （1+9%） × 3%

2. 纳税人出租不动产适用简易计税方法计税的，除个人出租住房外，按照以下公式计算应预缴税款：

应预缴税款 = 含税销售额 ÷（1+5%）× 5%

3. 个体工商户出租住房，按照以下公式计算应预缴税款：

应预缴税款 = 含税销售额 ÷（1+5%）× 1.5%

例6-4：易瑾地产（一般纳税人）注册地在京州市东丽区，2015年在汉江市购买一栋写字楼用于出租，每月租金1000万元。易瑾地产税务处理如下：

解析：易瑾地产所购不动产所在地与机构所在地不在同一县（市、区），因此需要向不动产所在地主管国税机关预缴税款。易瑾地产为增值税一般纳税人，对于老项目的计税方法可以作如下选择。

1. 选择一般计税：预缴税款=1 000÷（1+9%）×3%=27.53（万元）

2. 选择简易计税：预缴税款=1 000÷（1+5%）×5%=47.62（万元）

6.1.5　预缴税款时间及抵减的税务处理

纳税人出租不动产，需要预缴税款的，应在取得租金的次月纳税申报期或不动产所在地主管国税机关核定的纳税期限预缴税款。

一般情况下，出租不动产预缴税款的时间，为取得租金的次月纳税申报期内。如纳税人 7 月收取的租金，应在 8 月申报期内到不动产所在地主管国税机关缴纳。由于按季申报适用于小规模纳税人，因此，不动产所在地主管税务机关也可以核定预缴的纳税期限。

单位和个体工商户出租不动产，向不动产所在地主管国税机关预缴的增值税款，可以在当期增值税应纳税额中抵减，抵减不完的，结转下期继续抵减。

纳税人以预缴税款抵减应纳税额，应以完税凭证作为合法有效凭证。

6.1.6　其他个人出租不动产

其他个人出租不动产，按照以下公式计算应纳税款：

1. 出租住房

应纳税款 = 含税销售额 ÷（1+5%）× 1.5%

2. 出租非住房

应纳税款 = 含税销售额 ÷（1+5%）× 5%

需要注意的是，其他个人出租不动产，不需要预缴，直接在不动产所在地主管地税机关申报纳税。

6.1.7　转租不动产的税务处理

实务中对于纳税人转租房地产如何缴纳增值税，税务总局没有明确政策规定。各地的观点基本是：转租人转租其在 2016 年 4 月 30 日之前租入的不动产，可以选择简易计税政策，转租 4 月 30 日之后租入的不动产，适用一般计税方法。例如，海南省国税局就明确规定，一般纳税人将 2016 年 4 月 30 日之前租入的不动产对外转租的，可选择简易办法征税；将 5 月 1 日之后租入的不动产对外转租的，不能选择简易办法征税。

此外，自 2018 年 1 月 1 日起，纳税人租入固定资产、不动产，既用于一般计税方法计税项目，又用于简易计税方法计税项目、免征增值税项目、集体福利或者个人消费的，其进项税额准予从销项税额中全额抵扣。

6.1.8　企业风险诊断自查重点

企业税务风险诊断自查重点主要有以下方面：

1. 是否将租赁收入挂账不申报纳税。

2. 租赁收入纳税义务发生时间是否正确。

6.1.9　税务机关风险评估比对的重点

税务机关风险评估比对的重点主要有以下方面：

1. 目前国税部门信息系统已经实现联网，在国税局预缴税款时，纳税人通过填写《增值税预缴税款表》，可向不动产所在地主管国税机关报告其是否属于一般纳税人，是否按照一般计税方法计税，相关的信息、表格数据，可以传递到机构所在地主管国税机关。

2. 根据核心征管系统中的财务报表和申报表信息，对财务报表中的其他业务收入、预收账款进行比对分析。

6.2 营改增对自持租赁房产税的影响和税务风险管理

营改增对自持租赁房产税的最大影响就是计税依据。增值税属于价外税，因此，房产出租的，计征房产税的租金收入不含增值税。免征增值税的，确定计税依据时，租金收入不扣减增值税额。

6.2.1 几种特殊情形纳税义务人的判定

房产税一般由产权所有人缴纳。产权属于全民所有的，由经营管理的单位缴纳。产权出典的，由承典人缴纳。产权所有人、承典人不在房产所在地的，或者产权未确定及租典纠纷未解决的，由房产代管人或者使用人缴纳。

1. 未取得房屋产权证书期间纳税义务人的判定

没有取得房屋产权证书的，如果将房屋用于经营租赁也需要缴纳房产税。例如，房地产开发企业将自行开发的产品转为出租，即使没有办理产权证书，也需要按照取得的租金收入缴纳房产税。

2. 免租期纳税义务人的判定

对出租房产，租赁双方签订的租赁合同约定有免租期的，免收租金期间由产权所有人按照房产原值缴纳房产税。

3. 无租使用房产

无租使用其他单位房产的，依照房产原值代缴房产税。

4. 转租收入

房产税应当由产权所有人缴纳，因此，对于从事经营租赁的企业而言，将承租的房产再转租给他人的，转租收入不需要缴纳房产税。

在实务中，目前各地执行不一。部分省份出台文件明确不征，例如，《湖北省地方税务局关于转租房产租金收入停止征收房产税的通知》（鄂地税发〔2008〕97 号）规定，房产税属于财产类税，不同于流转税，根据规定应由房产的产权所有人或代管人为纳税义务人。对出租房产已由产权所有人或代管人按租金收入缴纳房产税，是否要再对承租人将租入房产进行转租按收取租金高于原支付租金的差额征收房产税的问题，经请示国家税务总局，对转租行为不再征收房产税。但是，也有部分省份仍然要求征收房产税。

6.2.2 确定征税对象时的两个特殊事项

在实务中确定房产税征税对象时，应注意两个事项：

一是对于具有房屋功能的地下建筑应征收房产税。

凡在房产税征收范围内的具备房屋功能的地下建筑，包括与地上房屋相连的地下建筑以及完全建在地面以下的建筑、地下人防设施等，例如房屋的地下室、地下停车场、商场的地下部分，应将地下部分与地上房屋视为一个整体按照地上房屋建筑的有关规定计算征收房产税。

具备房屋功能的地下建筑是指有屋面和维护结构，能够遮风避雨，可供人们在其中生产、经营、工作、学习、娱乐、居住或储藏物资的场所。

地下建筑征收房产税，具体又分为自用和出租两种情形。

对于自用的商业和其他用途房产地下建筑，以房屋原价的 70%～80% 作为应税房产原值，按以下方式计税：

应纳房产税的税额=应税房产原值 × [1-（10%～30%）] × 1.2%。

房屋原价折算为应税房产原值的具体比例，由各省、自治区、直辖市和计划单列市财政和地方税务部门在上述幅度内自行确定。

对于出租的地下建筑，按照出租地上房屋建筑的有关规定计算征收房产税。

二是地下人防工程。

《国家税务总局关于新疆地下人防工程征收房产税问题的批复》（税总函〔2013〕602 号）明确，按照现行房产税暂行条例有关规定，房产税由产权所有人缴纳。请示中所反映的地下人防工程，已按商品房销售并办理产权证的，购房人即是产权所有人，应按规定缴纳房产税。

需要注意的是，该文件对征收房产税的地下人防工程是有条件的，并不是任何条件下都要征收。

6.2.3　如何确定房产原值

房产税有两种计征方式，从价计征和从租计征。

从价计征是指依照房产原值一次减除 10% 至 30% 后的余值计算缴纳。具体减除幅度，由省、自治区、直辖市人民政府规定。没有房产原值作为依据的，由房产所在地税务机关参考同类房产核定。

从租计征的，以房产租金收入为房产税的计税依据。

房产税的税率，依照房产余值计算缴纳的，税率为 1.2%；依照房产租金收入计算缴纳的，税率为 12%。

关于房产原值的确定应关注以下事项：

1. 对依照房产原值计税的房产，不论是否记载在会计账簿固定资产科目中，均应按照房屋原值计算缴纳房产税。房屋原值应根据国家有关会计制度规定进行核算。对纳税人未按国家会计制度规定核算并记载的，应按规定予以调整或重新评估。

2. 房屋附属设施和配套设备应计入房产原值。

凡以房屋为载体，不可随意移动的附属设备和配套设施，如给排水、采暖、消防、中央空调、电气及智能化楼宇设备等，无论在会计核算中是否单独记账与核算，都应计入房产原值，计征房产税。如果是可以随意移动配套设备，例如灭火器材，则不需要缴纳房产税。

对于更换房屋附属设备和配套设施的，在将其价值计入房产原值时，可扣减原来相应设备和设施的价值；对附属设备和配套设施中易损坏、需要经常更换的零配件，更新后不再计入房产原值。

3. 房产原值应包括土地价值。对按照房产原值计税的房产，无论会计上如何核算，房产原值均应包含地价，包括为取得土地使用权支付的价款、开发土地发生的成本费用等。宗地容积率低于 0.5 的，按房产建筑面积的 2 倍计算土地面积并据此确定计入房产原值的地价。容积率是指一宗土地上建筑物（不含地下建筑物）总建筑面积与该宗土地面积之比，是反映土地使用强度的指标。

在实务中对于土地价值应注意以下四个方面：

一是"宗地容积率低于 0.5 的，按房产建筑面积的 2 倍计算土地面积并据此确定计入房产原值的地价"，主要是解决大地小房问题，例如仓储、物流等企业，由于生产经营的特殊性，占地面积大，税负增加过多，需给予一定照顾，因此允许只将部分土地的地价计入房产原值征税。对于宗地容积率大于 0.5 的，无论会计上如何核算，房产原值均应包含地价。

例6-5：某企业以8 000万元购置了一宗建筑面积为5 000平方米的房地产，其中，该宗土地面积1 000平方米，地价2 000万元。请问计入房产原值的土地价值应如何计算？

解析：首先计算确定容积率。

容积率=5 000÷1 000=5

由于容积率大于0.5，因此，应将全部地价2 000万元计入房产原值计征房产税。

二是土地价值应在不同房产中进行分摊。如果一宗土地上既有已经建成投入使用的房产，又有在建或规划建设的房产。由于在建房产和待建房产尚未建成使用，按照现行房产税有关规定不属于应税房产，不应当缴纳房产税，其占用土地的价值也不应该作为房产税的计税依据缴税。因此，该宗土地的地价，应按照建成和在建（包括待建）房产的建筑面积比例进行分摊，其中：建成房产所分摊的土地价值应计入房产原值征收房产税；在建和待建房产分摊的土地价值，待房产建成后再计入房产原值征收房产税。

三是非应税建筑物所占土地的价值可以扣除。按照现行房产税有关政策，独立于房屋之外的建筑物，如游泳池、烟囱、水塔等，不属于房产，不是房产税的征税对象，其所占用土地的价值也不应该计入应税房产的原值征收房产税。因此，在计算应计入房产原值的地价时，可将非房产税征税对象的建筑物所占的土地价值进行扣除。

四是地价中应包括契税。纳税人为取得土地使用权所缴纳的契税，属于地价的组成部分，应计入房产原值征税。

6.2.4 房产税纳税义务发生时间和纳税义务截止时间

纳税人自建的房屋，自建成之次月起征收房产税。纳税人委托施工企业建设的房屋，从办理验收手续之次月起征收房产税。纳税人在办理验收手续前已使用或出租、出借的新建房屋，应按法规征收房产税。

纳税人因房产的实物或权利状态发生变化而依法终止房产税纳税义务的，其应纳税款的计算应截至房产的实物或权利状态发生变化的当月末。

第 7 章

融资环节

资金是企业运营中不可或缺的血液，是一个企业的命脉，是企业生存和发展的一个必要条件。随着我国资本市场的发展，投融资渠道的增多，市场竞争的激烈，资金成本在企业决策中的地位也越来越重要。房地产行业是"现金为王"的资金密集型产业，融资及资金管理是房地产企业生存和发展的关键。从目前房地产企业的融资渠道看，主要是银行、信托、各类资管计划、发行债券以及股权融资。不同的融资模式，税收的影响也不同。

融资环节主要涉及增值税、土地增值税、企业所得税。

融资环节税务管理的重点是结合不同融资模式下的税负差异，尽可能在合法规划、税负最优的前提下，降低融资成本

7.1 营改增对贷款利息的税务处理

贷款，是指将资金贷与他人使用而取得利息收入的业务活动。

各种占用、拆借资金取得的收入，包括金融商品持有期间（含到期）利息（保本收益、报酬、资金占用费、补偿金等）收入、信用卡透支利息收入、买入返售金融商品利息收入、融资融券收取的利息收入，以及融资性售后回租、押汇、罚息、票据贴现、转贷等业务取得的利息及利息性质的收入，按照贷款服务缴纳增值税。

纳税人提供贷款服务的销售额包括取得的全部利息及利息性质的收入。

营改增政策规定，对于借款方，接受贷款服务向贷款方支付的全部利息及利息性质的费用、以及与该笔贷款直接相关的投融资顾问费、手续费、咨询费等费用，其进项税额不得从销项税额中抵扣。

实务中，部分企业为达到抵扣税款的目的，将融资业务进行人为拆分，加大融资顾问、咨询费的比重，这样做是有税务风险的。

例7-1：易瑾地产委托信托公司发行了一款信托产品进行融资，支付给信托公司融资顾问费1 000万元，信托公司给企业开具了增值税专用发票。信托

产品筹集资金2亿元，贷款给易瑾地产，约定贷款利息9%。易瑾地产没有其他贷款。请分析易瑾公司的费用抵扣情况。

解析：该企业只有信托融资，没有其他融资。信托公司的融资顾问费实质是与该笔融资直接相关的费用，因此，不能进行抵扣。

7.2　统借统还业务的增值税处理

统借统还发源于解决中小企业融资难的困境，后续演变成为企业集团融资的常见模式，原因是银行可以有效降低信贷风险，减少不良资产发生。针对统借统还的税收政策的核心条件也基本未变，一直延续至营改增后。但是，由于政策未对统借统还的前提——"企业集团"作出税法上的定义，实务中经常产生税企争议。

7.2.1　统借统还及两种类型

营改增后，统借统还业务包括以下两种类型。

1. 企业集团或者企业集团中的核心企业向金融机构借款或对外发行债券取得资金后，将所借资金分拨给下属单位（包括独立核算单位和非独立核算单位），并向下属单位收取用于归还金融机构或债券购买方本息的业务，如图7-1所示。

图 7-1　通过集团内核心企业统借统还

2. 企业集团向金融机构借款或对外发行债券取得资金后，由集团所属财务公司与企业集团或者集团内下属单位签订统借统还贷款合同并分拨资金，并向企业集团或者集团内下属单位收取本息，再转付企业集团，由企业集团统一归还金融机构或债券购买方的业务，如图7-2所示。

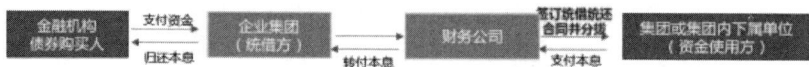

图 7-2　通过财务公司统借统还

7.2.2　统借统还利息的税务处理

在统借统还业务中，企业集团或企业集团中的核心企业以及集团所属财务公司按不高于支付给金融机构的借款利率水平或者支付的债券票面利率水平，向企业集团或者集团内下属单位收取的利息，免征增值税。

统借方向资金使用单位收取的利息，高于支付给金融机构借款利率水平或者支付的债券票面利率水平的，应全额缴纳增值税。

在实务中需要注意以下三个方面的税务风险：

一是免征增值税的前提是利率水平不高于向金融机构的借款利率水平或者债券票面利率水平。实际操作时建议最好等于向外部支付的利率水平，以规避企业所得税避税嫌疑。如果收取的利息低于对外支付的利息水平，而集团公司、子公司的实际税负不同，税务机关有可能会对企业所得税事项进行纳税调整。

二是如何判定"企业集团"。目前财政部、国家国税总局没有对"企业集团"作出明确规定。

工商总局《企业集团登记管理暂行规定》规定，企业集团是指以资本为主要联结纽带的母子公司为主体，以集团章程为共同行为规范的母公司、子公司、参股公司及其他成员企业或机构共同组成的具有一定规模的企业法人联合体。事业单位法人、社会团体法人也可以成为企业集团成员。企业集团不具有企业法人资格。母公司应当是依法登记注册，取得企业法人资格的控股企业。子公司应当是母公司对其拥有全部股权或者控股权的企业法人；企业集团的其他成员应当是母公司对其参股或者与母子公司形成生产经营、协作联系的其他企业法人、事业单位法人或者社会团体法人。

企业集团应当具备下列条件：母公司注册资本在 5 000 万元人民币以上，并至少拥有 5 家子公司；母公司和其子公司的注册资本总和在 1 亿元人民币以上；集团成员单位均具有法人资格。

三是要办理免税备案手续。

7.2.3 统借统还业务的免税备案

统借统还业务满足免征增值税条件的，应及时办理备案手续。目前在税务机关网上办税大厅填写《纳税人减免税备案登记表》后即时办结。

办理免税备案登记后，统借方收取利息时可向资金使用单位开具"免税"的增值税普通发票，以满足资金使用方的发票需求。

7.2.4 发债资金统借统贷业务的注意事项

现行增值税政策规定，统借方向资金使用单位收取的利息，高于支付给金融机构借款利率水平或者支付的债券票面利率水平的，应全额缴纳增值税。而根据《企业会计准则》的规定，企业在发行债券时所发生的发行费用，直接抵减融资金额，根据实际利率计算每期利息。

在实务操作中要避免以"实际利率"方式向下属单位收取利息，要将债券发行费用与利息分开计算，利息以票面利率计算，发行费用另行分摊，从而规避实际利率高于票面利率的情形。

例7-2：易瑾集团发行3年期公募债，票面利率7.3%，本金5亿元，发行费用500万元。考虑各行发行承销费用后实际利率为7.65%，现将发债融得的资金分拨给下属单位使用。请问易瑾集团如何向下属单位收取利息？

解析：在分拨时需注意易瑾集团向下属单位收取的利息不得高于7.3%（票面利率）。

7.3 支付的债券承销费能否抵扣进项税

发行公司债应当由具有证券承销业务资格的证券公司承销，承销机构一般会根据发行人资质、承销风险等多种因素，收取一定数量的承销费用。

营改增政策规定，对于纳税人购进贷款服务的进项税额不得从销项税额中抵扣，接受贷款服务时向贷款方支付的与该笔贷款直接相关的投融资顾问费、手续费、咨询费等费用，其进项税额也不得从销项税额中抵扣。之所以这样规定，目的是避免贷款方将贷款服务肢解或包装成其他可以抵扣的事项或名目收取。

发行债券支付的承销费，是根据现行监管政策要求，对第三方提供承销服务而支付的费用，承销机构不是贷款服务的提供方，所以应该可以扣除。

在实务中，发行的公司债券，如果在承销期内未销售完毕，根据发行人和承销机构的约定，可能存在债券余额包销。

债券余额包销，是指由发行人委托承销商按照已定的发行额和发行条件，在约定期限内向社会推销债券，到了销售截止日期未售出的余额由承销商负责认购。当发生余额包销情形时，由承销商认购余额债券，此时，承销机构基于余额包销行为，又成为发行人的资金提供方。这种情形下，余额包销部分对应的承销费是否需要做进项税转出呢？

鉴于承销行为和贷款服务对于承销人来讲是两种不同的行为，不能因为余额包销的制度安排就将承销费视为贷款直接相关费用，所以不用对已抵扣的进项税做转出处理。

7.4　统借统还业务的企业所得税处理

营改增前，企业集团或其成员企业统一向金融机构借款，分摊给集团内部其他成员企业使用，借入方凡能出具从金融机构取得借款的证明文件的，可以在使用借款的企业间合理的分摊利息费用，使用借款的企业分摊的合理利息准予在税前扣除。

由于统借统还业务不征收营业税，收取利息的企业集团开不了发票，分摊利息的成员单位自然无法取得发票，因此也就不用凭发票税前扣除。

营改增后，符合条件的统借统还可以享受免税优惠，可以向使用借款的成员企业开具普通发票，借款企业可以凭票扣除。

7.5　资管产品征收增值税对融资成本的影响

《财政部　国家税务总局关于资管产品增值税有关问题的通知》（财税〔2017〕56 号）明确，自 2018 年 1 月 1 日起将对资管产品运营过程中发生的应税行为征收增值税，暂适用简易计税方式，按照 3%征收率征收，以管理人为纳税义务人。

政策虽然规定以管理人为纳税义务人，但税负的实际承担人是资管产品，缴纳的税款从基金、信托财产中列支。因此，这一成本最终可能会通过产品传导给实际融资方，从而将成本转嫁给融资方。

7.6　明股实债（混合性投资）的税务处理

"明股实债"是金融行业的一种常见投资模式，发源于信托，适用于信托、资管、私募等金融机构投资，投资领域多数集中在房地产领域。房地产行业之所以采用这种方式融资，主要是基于以下几个原因：

一是，银监会对信托公司的风险监管提示要求，向信托公司申请发放贷款的房地产企业必须四证齐全、房地产开发企业资质不低于国家建设行政主管部门核发的二级房地产开发资质，开发项目资本金比例不低于 35%。

二是，银监会对信托公司的监管文件中明确指出信托公司不得以信托资金发放土地储备贷款。土地购置成本已成为一、二线城市房地产项目的主要投资成本，由于土地购置在"四证"取得之前，因此催生了以信托公司为代表的"明股实债"的方式向房地产公司进行融资，以满足房企在"四证"齐全之前的资金需求。

三是，对房地产企业有降低财务杠杆、优化合并报表的作用。明股实债融资在外在形式上表现为股权性质，在房地产企业持股比例较低时，可通过设计合同条款，可在会计上可以不确认在合并范围内，从而使合并口径的资产负债率得以保持，有利于提高主体信用资质，提高合并层面的融资能力并有利于授信额度的获取。

7.6.1　明股实债的企业所得税处理

混合性投资业务是指兼具权益性投资和债权性投资双重特征的投资业务。

现行企业所得税制投资业务取得回报的税务处理是不同的。权益性投资取得回报，一般体现为股息收入，按照规定居民企业之间取得的股息可以免征企业所得税；同时，被投资企业支付的股息是以税后利润支付的，不能作为费用在税前扣除；债权性投资取得回报为利息收入，按照规定应当缴纳企业所得税；同时，被投资企业支付的利息也准予在税前扣除。

混合性投资业务兼具权益性投资和债权性投资双重特征，《国家税务总局关于企业混合性投资业务企业所得税处理问题的公告》（国家税务总局公告 2013 年第 41 号）对企业所得税进行了明确。

1. 可按"债权投资"处理的五个条件

同时符合以下五个条件的混合性投资业务，被认定为"债权投资"。

条件一：被投资企业接受投资后，需要按投资合同或协议约定的利率定期支付利息，包括支付保底利息、固定利润或固定股息等。即投资合同或协议中明确约定了投资回报的方式，且投资回报是固定的，不与被投资企业的经营业务挂钩，不是按企业的投资效益进行的分配，也不是按投资者的股份份额取得回报。是投资者没有或很少承担投资风险的一种投资，实际成为企业一种融资形式。

条件二：有明确的投资期限或特定的投资条件，并在投资期满或者满足特定投资条件后，被投资企业应当偿还本金或按投资合同或协议约定的价格赎回投资。即合同中有明确的投资期限或特定的投资条件，并约定期满或满足特定条件时被投企业必须偿还本金或赎回投资。这里需要强调两点，①实务中常见的赎回形式有自行回购、第三方收购、关联方收购，本条件中仅指自行回购，赎回投资或偿还本金的主体是"被投资企业"，不是被投资企业的股东或其他关联方。②启动赎回的日期，应在期限届满或符合特定投资条件时启动赎回，以避免被认为未启动赎回。

条件三：投资企业对被投资企业净资产不拥有所有权。即被投资企业如果依法停止生产经营活动需要清算的，投资企业的投资额可以按债权进行优先清偿，但对被投资企业净资产不能按投资份额拥有所有权。

条件四：投资企业不具有选举权和被选举权。被投资企业在选举董事会、监事会成员时，投资企业不能按持股份比例进行表决或被选为成员。

条件五：投资企业不参与被投资企业日常生产经营活动。但若对投资资金指定了专门用途的，投资方企业可以监督其资金运用情况。

例7-3：易瑾地产是易瑾集团设立的全资子公司，注册资金1亿元，主要从事房地产开发。在银行融资困难的情况下，为保证项目顺利开发建设，解决公司经营中的资金问题，易瑾地产于2010年5月通过股权信托方式向A信托公司进行融资。

易瑾地产、易瑾集团、A信托公司等相关各方于2010年5月签订如下合作协议：

本次以A信托向易瑾地产股权投资的方式融资5亿元，期限为2年，年利率为12%，并由易瑾集团提供质押与担保。股权融资后易瑾地产的注册资本由1亿元增加到1.97亿元，资本公积增加4.03亿元，股本比例变更为易瑾集团50.76%，A信托公司49.24%，本项增资行为不调整易瑾地产的董事会、监事会及经营管理机构。在此期间，若易瑾地产发生清算行为，A信托公司对易瑾地产的投资额可进行优先清偿，但对易瑾地产的净资产不能按投资份额拥有所有权。该项融资到期时，由易瑾地产回购A信托所持股权。

请问本项股权融资应如何处理？

解析：对应上述五个条件逐项剖析，①合作协议中明确约定易瑾地产每年按12%利率向A信托公司支付固定收益，除此之外，A信托公司不参与易瑾地产的利润分配。②约定的期限届满之日，由易瑾地产回购A信托公司所持股权。③A信托公司对易瑾地产净资产不拥有所有权。④A信托公司在易瑾地产中不具有董事会席位，不具有选举权与被选举权，在本次增资后易瑾地产原有的董事会、监事会及经营管理机构不发生任何调整。⑤A信托公司不参与易瑾地产公司的日常经营活动。即本项股权融资同时符合上述文件中的五个条件，按"债权投资"处理。

2. 认定为"债权投资"的各方企业所得税处理

（1）利息事项的处理

被投资企业（支付利息方）应于约定的应付利息日期，确认利息支出，按照现行企业所得税对利息支出扣除的规定进行税前扣除。投资企业（收取利息方）应于被投资企业应付利息的日期，确认收入的实现并计入当期应纳税所得额。

此时应关注的要点是：投资企业与被投资企业必须采用相同的税务处理；利率需符合我国对金融企业利率要求的具体情况；若投资企业与被投资企业之间属于关联方，利息的扣除还需符合关联方利息税前扣除的具体标准；被投资企业利息支出的税前扣除时，应取得合规发票。

例7-4：续前例。合作协议中约定按年支付12%的固定收益，于每年的5月18日支付。则各方应如何处理？

解析：投资企业：应于每年的5月18日将归属于本年度的利息计入应纳税所得额。

被投资企业：应于合同约定的付息日期确认利息支出。A信托公司与易瑾地产无关联关系，且属于金融企业，可按约定的利率据实扣除，但需关注利息发票的问题。

（2）赎价与投资成本之间的差额处理

对于被投资企业赎回的投资，投资双方应于赎回时将赎价与投资成本之间的差额确认为债务重组损益，分别计入当期应纳税所得额。

债务重组损益=赎价-初始投资额

该值大于 0 时：投资企业确认为利息收入，计入应纳税所得额。被投资企业确认为利息支出按上述规定扣除。

该值小于 0 时：被投企业确认为债务重组收益，但不可适用特殊重组的税收优惠，应在当期计入应纳税所得额；投资企业确认为债务重组损失，按照专项申报资产损失处理。

例7-5：续前例。合作协议中约定，2012年5月该信托融资到期时，由易瑾地产以5.3亿元的价格赎回A信托公司所持股权，并办理注册资本的工商减资手续，减资完成后注册资本恢复到融资前的1亿元。请分析易瑾地产和A信托公司的纳税情况。

解析：此情形下，债权重组损益=5.3-5=0.3（亿元）。A信托公司在此确认为利息收入计入应纳税所得额，易瑾地产同时确认利息支出。

若双方约定易瑾地产以4.9亿元的价格赎回，则债权重组损益=4.9-5=-0.1（亿元）。易瑾地产确认重组收益0.1亿元，计入当期应纳税所得额；A信托公司确认为债务重组损失，经专项申报资产损失后扣除。

3. 不符合上述"债权投资"的税务处理

投资企业向被投资企业投资，并参与共同经营的，分享被投资企业的盈利，但不承担被投资企业的亏损责任，在被投资企业亏损时，仍要收取固定利润，投资企业按规定需归还利润而未归还的，应确认为利息收入，计入应纳税所得税。被投资企业支付的利润不得在企业所得税前扣除。

投资企业向被投资企业投资，但不参与共同经营，也不承担投资风险责任，不论盈亏均按期收回本息，或按期收取固定利润的，投资企业确认为利息收入，计入应纳税所得额。被投资企业支付的利润不得在税前扣除。

7.6.2 明股实债的增值税处理

现行增值税文件中并未对混合性投资的认定做出明确解释。

原营业税及 2016 年 5 月 1 日全面营改增后增值税政策明确，对"以货币资金投资收取的固定利润或者保底利润"按照贷款服务缴纳流转税。如何理解收取固定利润或保底利润呢？一般是指投资后不分享被投资企业的盈利，也不承担被投资企业的亏损责任，即使在被投资企业亏损时仍要收取固定利润或保底利润。

7.6.3　明股实债对土地增值税的影响

房地产开发企业土地增值税现行政策规定，凡能够按转让房地产项目计算分摊并提供金融机构证明的，允许据实扣除，但最高不能超过按商业银行同类同期贷款利率计算的金额。

第 8 章

发票管理环节

发票是企业重要的商事凭证，也是营改增后税务机关管控的重点。《中华人民共和国发票管理办法》第三条规定，发票是指在购销商品、提供或者接受服务以及从事其他经营活动中，开具、收取的收付款凭证。

8.1 税务机关对增值税发票的管理措施

营改增后，税务机关对增值税发票的管理措施主要包括：票种票量核定、最高开票限额许可、增值税发票管理系统（开票编码、抄报税等）、纳税申报一窗式比对、异常抵扣凭证管理等。

房地产开发企业重点应该关注的是取得的发票是否合规，避免因取得不合规发票而不能抵扣，或者不能作为税收凭证在税前扣除。

8.1.1 走逃（失联）企业的异常凭证

走逃（失联）企业，是指不履行税收义务并脱离税务机关监管的企业。

根据税务登记管理有关规定，税务机关通过实地调查、电话查询、涉税事项办理核查以及其他征管手段，仍对企业和企业相关人员查无下落的，或虽然可以联系到企业代理记账、报税人员等，但其并不知情也不能联系到企业实际控制人的，可以判定该企业为走逃（失联）企业。

走逃（失联）企业常见业务情形包括以下两种：

1. 商贸企业购进、销售货物名称严重背离的；生产企业无实际生产加工能力且无委托加工，或生产能耗与销售情况严重不符，或购进货物并不能直接生产其销售的货物且无委托加工的。

2. 直接走逃失踪不纳税申报，或虽然申报但通过填列增值税纳税申报表相关栏次，规避税务机关审核比对，进行虚假申报的。

房地产开发企业一般纳税人取得走逃（失联）企业的异常凭证，尚未申报抵扣的，暂不允许抵扣；已经申报抵扣的，一律先作进项税额转出。经核实，符合现行增值税进项税额抵扣相关规定的，房地产开发企业可继续申报抵扣。异常凭证由开具方主管税务机关推送至接受方所在地税务机关进行处理。

8.1.2 税收风险解析评估中发现的异常凭证

税务机关在税收风险解析评估中常见的异常业务情形包括：

1. 增值税一般纳税人存在购进、销售货物（服务）品名明显背离，虚假填列纳税申报表特定项目以规避税务机关审核比对等。

2. 电话、地址等税务登记信息虚假无法联系或两次约谈不到。

对于税收风险解析评估中发现的异常凭证，税务处理如下：

1. 尚未申报抵扣的，暂不允许抵扣，经主管税务机关核实后，符合进项税抵扣规定的，允许纳税人申报抵扣。

2. 已申报抵扣的，经主管税务机关核实后，凡不符合进项税抵扣规定的，一律作进项税转出。

3. 有第二种情形的，纳税人主动联系主管税务机关之前，主管税务机关可通过增值税发票系统升级版暂停该纳税人开具发票，并将其取得和开具的增值税发票列入异常凭证范围，录入增值税抵扣凭证审核检查系统。

8.1.3 发票开具和纳税申报数据监控发现的异常凭证

发票开具和纳税申报数据监控中常见异常业务情形包括：

1. 纳税人存在购销不匹配、有销项无进项、大部分发票顶额开具、发票开具后大量作废、发票开具金额突增等异常情形。

2. 纳税人当期申报存在未开具发票（或开具其他发票）栏次填报负数；无免税备案但有免税销售额；应纳税额减征额填报金额较大；进项税额转出填报负数；当期农产品抵扣进项占总进项比例较大且与实际经营情况不符；代扣代缴税收缴款凭证、运输费用结算单据等栏填报数额异常等情形。

3. 地址、电话等税务登记信息虚假无法联系或者经税务机关两次约谈不到的。

对于发票开具和纳税申报数据监控中发现的异常凭证，税务处理如下：

1. 实时监控解析预警中发现第一种情形的，或者对增值税纳税申报数据的监控中发现第二种情形的，作为异常情形，应及时约谈纳税人。

2. 第三种情形导致无法约谈的，主管税务机关可通过升级版暂停该纳税人开具发票，同时暂停其网上申报业务，将其近 60 天内（自纳税人最后一次开票日期算起）取得和开具的增值税发票列入异常发票范围，并应在 2 个工作日内，录入增值税抵扣凭证审核检查系统，开展异常发票委托核查。

8.1.4　非正常户的失控发票

已办理税务登记的纳税人发生未按照规定的期限申报纳税情形的，在税务机关责令其限期改正后，逾期仍然不改正的，税务机关应当派员实施实地检查程序。对于履行核查手续后，查无下落并且无法强制其履行纳税义务的，由检查人员制作非正常户认定书，存入纳税人档案，认定其为非正常户。

对于非正常户所持有的增值税发票，税务机关按照失控发票采集标准，将相关增值税专用发票列入防伪税控系统，实施失控发票管理。

属于"认证时失控"和"认证后失控"的发票，暂不得作为增值税进项税额的抵扣凭证，税务机关扣留原件，移送稽查部门作为案源进行查处。经税务机关检查确认属于税务机关责任以及技术性错误造成的，允许作为增值税进项税额的抵扣凭证；不属于税务机关责任以及技术性错误造成的，不得作为增值税进项税额的抵扣凭证。属于税务机关责任的，由税务机关误操作的相关部门核实后，区县级税务机关出具书面证明；属于技术性错误的，由税务机关技术主管部门核实后，区县级税务机关出具书面证明。

8.1.5　稽核比对结果的异常凭证

增值税稽核比对中，通过全国增值税专用发票稽核系统产生稽核比对结果为"不符""缺联""属于作废"的增值税专用发票，列入异常抵扣凭证管理。对于这些异常凭证的判断和处理需要结合不同的情况。

1．"不符"发票

抵扣联票面信息与抵扣联电子信息相符的，传递给销售方主管税务机关审核检查；抵扣联票面信息与抵扣联电子信息不相符、与存根联电子信息相符的，按相关规定进行处理；抵扣联票面信息与抵扣联、存根联电子信息均不相符的，根据抵扣联票面信息修改抵扣联电子信息，传递给销售方主管税务机关审核检查。

2．"缺联"发票

抵扣联票面信息与抵扣联电子信息相符的，传递给销售方主管税务机关审核检查；抵扣联的票面信息与抵扣联电子信息不相符的，根据抵扣联票面信息修改抵扣联电子信息，传递给销售方主管税务机关审核检查。

3．"属于作废"发票

纳税人未申报抵扣的，按规定进行处理；纳税人已申报抵扣的，传递给销售方主管税务机关审核检查。

8.1.6　房地产开发企业取得异常抵扣凭证的风险应对

企业如果取得异常抵扣凭证，应积极与主管国税机关进行解释和沟通，并配合国税机关的调查。同时，为避免异常凭证不能抵扣的风险，企业应在日常经营业务活动中，应做好以下工作：

1．采购业务一定要签订书面合同或协议。尽管我国《合同法》允许当事人订立的合同，除采取书面形式外还可以采取口头形式或其他形式。但是书面形式是税务机关最好接受和认可的证据材料。

2．支付货款最好通过银行账户，并保存好银行流水账单证明。

3．异常凭证涉及的货物需要有入库验收手续，且货物数量与发票上注明的数量一致。同时，该货物应和生产经营有实际联系。

4．涉及需要运输的货物，保存好运输单据和运输发票。

8.2　房地产开发企业开具发票
应注意的事项

营改增后，发票开具成为房地产开发企业日常税收管理的一个重点。主要原因是我国实行的以票控税制度。发票开具不符合规定，会面临税务机关的行政处罚。

8.2.1　预收售房款发票开具应注意的事项

房地产开发企业一般纳税人采取预收款方式销售自行开发的房地产项目，收到预收款时纳税义务尚未发生，因此，不得开具增值税专用发票。

在实务中，由于按揭贷款等原因，购房者在支付购房款时往往要求房地产开发企业开具发票。为便于纳税人开票，《商品和服务税收分类与编码》新增了"未发生销售行为的不征税项目"编码。房地产开发企业收到购房者预收款时，选择 602"销售自行开发的房地产项目预收款"，开具增值税普通发票，发票税率栏填写"不征税"。

需要注意的是，虽然开具的是不征税发票，但收取的预收款应按 3%的预征率预缴增值税，并填报增值税预缴申报表，不填列增值税纳税申报表及其附列资料。

发生增值税纳税义务时，对于预收款时已开具的不征税普通发票如何处理，目前税务总局还没有明确规定。由于预收款所开具的不征税发票实质上相当于收据，因此不需要再开具红字发票，交房时直接开具正式发票即可。购房者需要增值税专用发票的，可按规定开具增值税专用发票。

8.2.2　销售自行开发的房地产项目发票开具应注意的事项

发票开具的基本要求如下：

1. 销售不动产，纳税人自行开具或者税务机关代开增值税发票时，应在发票"货物或应税劳务、服务名称"栏填写不动产名称及房屋产权证书号码（无房屋产权证书的可不填写），"单位"栏填写面积单位，"备注"栏注明不动产的详细地址。

两人以上购买需在发票注明多人信息的，在购买方栏目"名称"中填写两人信息，纳税人识别号中填写其中一人有效证件号，"备注"栏除填写房产信息外再填写另外一人的有效证件号。

2. 一般纳税人销售自行开发的房地产项目，自 2017 年 7 月 1 日起，购买方为企业的，索取增值税普通发票时，应向房地产开发企业提供纳税人识别号或统一社会信用代码；房地产开发企业为其开具增值税普通发票时，应在"购买方纳税人识别号"栏填写购买方的纳税人识别号或统一社会信用代码。

3. 一般纳税人销售自行开发的房地产项目，购买方索取增值税专用发票时，须要求购买方提供公司名称、纳税人识别号或统一社会信用代码、地址电话、开户行及账号信息，不需要提供营业执照、税务登记证、组织机构代码证、开户许可证、增值税一般纳税人资格登记表等相关证件或其他证明材料。

一般纳税人向其他个人销售自行开发的房地产项目，不得开具增值税专用发票。

4. 小规模纳税人销售自行开发的房地产项目，购买方需要增值税专用发票的，小规模纳税人向主管国税机关申请代开。

小规模纳税人向其他个人销售自行开发的房地产项目，不得申请代开增值税专用发票。

5. 房地产开发企业应在发生增值税纳税义务时开具发票。

在实务中，对于营改增过渡期发票开具，应注意以下税务风险：

小规模纳税人在 2016 年 4 月 30 日前收取并已向主管地税机关申报缴纳营业税的预收款，未开具营业税发票的，可以开具增值税普通发票，不得申请代开增值税专用发票。

一般纳税人销售 2016 年 4 月 30 日前收取并已向主管地税机关申报缴纳营业税的预收款，未开具营业税发票的，可以开具增值税普通发票，不得开具增值税专用发票。

8.3 房地产开发企业取得发票应注意的事项

1. 自 2017 年 7 月 1 日起，房地产开发企业取得的增值税普通发票，应在"购买方纳税人识别号"栏填写购买方的纳税人识别号或统一社会信用代码。不符合规定的发票，不得作为税收凭证。

2. 房地产开发企业取得增值税发票时，发票内容应按照实际采购情况如实开具，不得要求销售方填开与实际交易不符的内容。

3. 对于发票填开项目不齐全、未按规定加盖发票专用章（发票联和抵扣联）、票面不整洁、手工修改等影响认证和不合规的，应要求对方重新开具。

4. 对于供应商汇总开具增值税专用发票的，应取得供应商从系统中开具的《销售货物或者提供应税劳务清单》，并加盖发票专用章。对于增值税普通发票，销货清单供应商可自行开具，但也要加盖发票专用章。

5. 如果供应商提供的是电子发票，要注意供应商提供的增值税电子普通发票应该通过增值税电子发票系统开具。

8.4 进项税额抵扣应注意抵扣期限的要求

增值税专用发票必须在抵扣期限内抵扣。自 2017 年 7 月 1 日起，增值税一般纳税人取得的 2017 年 7 月 1 日及以后开具的增值税专用发票的抵扣期限为 360 日。需要注意的是，目前对于农产品收购发票或销售发票无需认证，也没有抵扣期限的规定。

未在规定期限内办理认证、申报抵扣或者申请稽核比对的，不得作为合法的增值税扣税凭证，不得计算进项税额抵扣。

由于增值税发票产生于业务端，房地产开发企业必须完善内部控制制度，明确企业自身对增值税专用发票报销的期限要求。同时加强对全体员工的发票知识培训，要求员工必须在取得专用发票后及时提交财务报销程序。

对于采取勾选认证的房地产开发企业，税务岗位工作人员应通过增值税发票税控开票软件定期登录增值税发票查询平台，查看是否存在长期未认证的增值税专用发票，对于超过本公司报销期限的发票，应下载未认证明细表，书面通知有关人员及时提交发票报销信息。

8.5 办理勾选认证应注意的事项

增值税专用发票只有经过认证后才能进行抵扣，未认证的发票不能抵扣。

需要注意的是：当月认证的发票，次月征期申报当月税款时必须抵扣。除客观原因导致无法正常抵扣的，可由主管税务机关审核后继续抵扣，其余情况均不能抵扣。

客观原因包括：因自然灾害、社会突发事件等不可抗力原因造成增值税扣税凭证未按期申报抵扣；有关司法、行政机关在办理业务或者检查中，扣押、封存纳税人账簿资料，导致纳税人未能按期办理申报手续；税务机关信息系统、网络故障，导致纳税人未能及时取得认证结果通知书或稽核结果通知书，未能及时办理申报抵扣；由于企业办税人员伤亡、突发危重疾病或者擅自离职，未能办理交接手续，导致未能按期申报抵扣；国家税务总局规定的其他情形。

例 8-1：易瑾地产 2017 年 7 月认证增值税专用发票两份，进项税额 13 000 元。该进项税额应如何处理？

解析：2017 年 8 月 15 日前的征期内，易瑾地产申报 7 月税款时，必须将已认证通过的 13 000 元申报抵扣。

8.5.1 传统认证和勾选认证

1. 传统认证

传统认证包括网上发票认证采集、自助办税终端扫描认证、大厅前台认证三种方式。对网上无法认证、认证不通过的，可持发票联和抵扣联到税务机关办税服务厅通过自助办税终端扫描认证或大厅前台认证，抵扣联无法认证的，可使用发票联认证。

2. 勾选认证

已进行纳税信用评级的 A、B、C 级一般纳税人，以及 2016 年 5 月 1 日之后纳入营改增试点尚未进行纳税信用评级的一般纳税人，可以通过本省增值税发票查询平台进行网上勾选认证。

8.5.2 勾选认证的时间要求

纳税人每日都可以登录本省增值税发票选择确认平台，查询、选择、确认用于申报抵扣或者出口退税的增值税发票信息。

在实务中，对于房地产开发企业可用于当期勾选认证并抵扣的操作期间为：当期已申报结束或征期结束后（按照孰先原则确定开始时间）至下期申报当天或征期结束当天（按照孰先原则确定终止时间）。

例8-2：易瑾地产2017年7月2日取得A公司开具的增值税专用发票一份，进项税额10 000元，2017年7月15日申报6月份税款，请问A公司开具的发票能否抵扣？

解析：勾选认证的操作截止期间按照当月实际申报日和征期结束日孰先原则确定，在终止日之前取得并经过勾选认证确认的发票都可以抵扣。因此，A公司7月2日开出的发票，虽然A公司在8月征期才会申报纳税，但对于易瑾地产而言在7月征期内就可以申报抵扣。

8.6 逾期未认证增值税扣税凭证的处理

如果增值税专用发票超过认证期限未认证，应及时采取措施，通过主管国税机关申请办理继续抵扣事宜。

房地产开发企业一般纳税人发生真实交易，但由于客观原因造成增值税扣税凭证（包括增值税专用发票、海关进口增值税专用缴款书和机动车销售统一发票）未能按照规定期限办理认证、确认或者稽核比对的，经主管税务机关核实、逐级上报，由省国税局认证并稽核比对后，对比对相符的增值税扣税凭证，允许纳税人继续抵扣其进项税额。

需要注意的是，"放管服"改革后，审批权限已下放至省国税局，不用再层层上报税务总局。

8.6.1 客观原因及应提交的情况说明

税收政策中规定的上述客观原因主要有：

1. 因自然灾害、社会突发事件等不可抗力因素造成的逾期未认证。

房地产开发企业应详细说明自然灾害或者社会突发事件发生的时间、影响地区、对纳税人生产经营的实际影响等。

2. 增值税扣税凭证被盗、抢造成的逾期未认证。

房地产开发企业应提供公安机关证明。

3. 邮寄丢失、误递造成的逾期未认证。

房地产开发企业应提供邮政单位出具的说明。

4. 有关司法、行政机关在办理业务或者检查中，扣押增值税扣税凭证，纳税人不能正常履行申报义务造成的逾期未认证。

房地产开发企业应提供相关司法、行政机关证明。

5. 税务机关信息系统、网络故障，未能及时处理纳税人网上认证数据等造成的逾期未认证。

这是由于税务机关自身原因导致的，由主管税务机关在上报文件中详细说明信息系统或网络故障出现、持续的时间，故障原因及表现等。

6. 买卖双方因经济纠纷，未能及时传递增值税扣税凭证造成的逾期未认证。

房地产开发企业应提供卖方出具的情况说明。

7. 纳税人变更纳税地点，注销旧户和重新办理税务登记的时间过长，导致增值税扣税凭证逾期。

房地产开发企业应详细说明办理搬迁时间、注销旧户和注册新户的时间、搬出及搬入地点等。

8. 由于企业办税人员伤亡、突发危重疾病造成的逾期未认证。

房地产开发企业应提供公安机关、交通管理部门或者医院证明；

9. 由于企业办税人员擅自离职，未能办理交接手续，导致增值税扣税凭证逾期。

房地产开发企业应详细说明事情经过、办税人员姓名、离职时间等，并提供解除劳动关系合同及企业内部相关处理决定。

8.6.2 申请办理逾期抵扣时应报送的资料

1. 《逾期增值税扣税凭证抵扣申请单》；

2. 增值税扣税凭证逾期情况说明。纳税人应详细说明未能按期办理认证或者申请稽核比对的原因，并加盖企业公章。客观原因涉及第三方的，应提供第三方证明或说明。具体见前文所述。

3. 逾期增值税扣税凭证电子信息。

4. 逾期增值税扣税凭证复印件（复印件必须整洁、清晰，在凭证备注栏注明"与原件一致"并加盖企业公章，增值税专用发票复印件必须裁剪成与原票大小一致）。

8.7 发票作废、红字发票应注意的事项

8.7.1 增值税专用发票作废应注意的事项

房地产开发企业在开具增值税专用发票当月，发生退回、开票有误等情形，收到退回的发票联、抵扣联符合作废条件的，按作废处理。开具时发现有误的，可即时作废。

作废增值税专用发票须在新系统中将相应的数据电文按"作废"处理，在纸质增值税专用发票(含未打印的增值税专用发票)各联次上注明"作废"

字样，全联次留存。

发票作废须同时符合以下条件：

1. 收到退回的发票联、抵扣联，且时间未超过开票当月；

2. 房地产开发企业未抄税且未记账；

3. 购买方未认证，或者认证结果为"纳税人识别号认证不符""增值税专用发票代码、号码认证不符"。

8.7.2 开具增值税红字专用发票应注意的事项

房地产开发企业纳税人开具增值税专用发票后，发生退回、开票有误、应税服务中止等情形但不符合发票作废条件，或者因销售折让，需要开具红字增值税专用发票的，按以下方法处理：

1. 购买方取得增值税专用发票已用于申报抵扣的，购买方可在新系统中填开并上传《开具红字增值税专用发票信息表》，在填开《信息表》时不填写相对应的蓝字增值税专用发票信息，应暂依《信息表》所列增值税税额从当期进项税额中转出，待取得房地产开发企业开具的红字增值税专用发票后，与《信息表》一并作为记账凭证。

购买方取得增值税专用发票未用于申报抵扣、但发票联或抵扣联无法退回的，购买方填开《信息表》时应填写相对应的蓝字增值税专用发票信息。

房地产开发企业开具增值税专用发票尚未交付购买方，以及购买方未用于申报抵扣并将发票联及抵扣联退回的，房地产开发企业可在新系统中填开并上传《信息表》。房地产开发企业填开《信息表》时应填写相对应的蓝字增值税专用发票信息。

2. 主管税务机关通过网络接收纳税人上传的《信息表》，系统自动校验通过后，生成带有"红字发票信息表编号"的《信息表》，并将信息同步至纳税人端系统中。

3. 房地产开发企业凭税务机关系统校验通过的《信息表》开具红字增值税专用发票，在新系统中以销项负数开具。红字增值税专用发票应与《信息表》一一对应。

4. 纳税人也可凭《信息表》电子信息或纸质资料到税务机关对《信息表》内容进行系统校验。

8.7.3　普通发票作废和红字发票

普通发票作废与专用发票要求基本一致。需要开具红字发票的，应收回原发票并注明"作废"字样或取得对方有效证明。开具红字增值税普通发票的，可以在所对应的蓝字发票金额范围内开具多份红字发票，但是红字机动车销售统一发票需与原蓝字机动车销售统一发票一一对应。

8.8　避免虚开发票

营改增后，对房地产开发企业影响最为重大的一个事项就是取得虚开发票。由于房地产开发企业土地增值税、企业所得税税负较重，因此房地产开发企业往往采取加大开发成本的方式，降低税负。营改增后，再采用这种方式，不仅税务风险大大提高，而且还会面临刑事处罚。

8.8.1　虚开发票的类型

虚开发票包括三种行为、四种类型：

1. 三种行为

一是没有货物购销或者没有提供或接受应税劳务而为他人、为自己或让他人为自己、介绍他人开具增值税专用发票；

二是有货物购销或者提供或接受了应税劳务但为他人、为自己或让他人为自己、介绍他人开具数量或者金额不实的增值税专用发票；

三是进行了实际经营活动，但让他人为自己代开增值税专用发票。

2. 四种类型

为他人虚开、为自己虚开、让他人为自己虚开、介绍他人虚开。

8.8.2 虚开发票的行政处罚

虚开发票的，由税务机关没收违法所得；虚开金额在 1 万元以下的，可以并处 5 万元以下的罚款；虚开金额超过 1 万元的，并处 5 万元以上 50 万元以下的罚款。

8.8.3 虚开发票的刑事责任

1. 立案标准

虚开增值税专用发票的：虚开税款数额在一万元以上或者致使国家税款被骗数额在五千元以上的。

虚开其他发票的：虚开发票一百份以上或者虚开金额累计在四十万元以上的；或者虽未达到上述数额标准，但五年内因虚开发票行为受过行政处罚二次以上，又虚开发票的。

2. 量刑标准

虚开税款 5 万元以上的，处 3 年以下有期徒刑或者拘役，并处 2 万元以上 20 万元以下罚金；

虚开税款 50 万元以上的，处 3 年以上 10 年以下有期徒刑，并处 5 万元以上 50 万元以下罚金；

虚开税款 250 万元以上的，处 10 年以上有期徒刑或者无期徒刑，并处 5 万元以上 50 万元以下罚金或者没收财产。

8.9   善意取得虚开发票

房地产开发企业在日常经营活动中，由于非主观原因，有时会取得虚开的增值税专用发票。为保护纳税人的合法权益，对于善意取得虚开发票的纳税人，不以偷税论处。

善意取得虚开发票必须符合如下条件：一是购货方与销售方存在真实交

易，销售方使用的是其所在省（自治区、直辖市和计划单列市）的专用发票，专用发票注明的销售方名称、印章、货物数量、金额及税额等全部内容与实际相符；二是没有证据表明购货方知道销售方提供的专用发票是以非法手段获得的。

8.9.1 善意取得虚开发票的进项税额是否必须转出

《国家税务总局关于纳税人善意取得虚开的增值税专用发票处理问题的通知》（国税发〔2000〕187号）规定，纳税人善意取得虚开发票的，不允许抵扣进项税款，已经抵扣的进项税款应依法追缴。如果购货方能够重新从销售方取得防伪税控系统开出的合法、有效专用发票的，或者取得手工开出的合法、有效专用发票且取得了销售方所在地税务机关或者正在依法对销售方虚开专用发票行为进行查处证明的，购货方所在地税务机关应依法准予抵扣进项税款。根据该文件，善意取得虚开发票的，只有重新取得销售方开具的发票才能进行抵扣。

如果不重新换取发票，能否进行抵扣呢？如果销售方对外开具的专用发票没有被销售方主管税务机关认定为虚开发票，受票方纳税人取得的增值税专用发票，可以作为增值税扣税凭证抵扣进项税额。

《国家税务总局关于纳税人对外开具增值税专用发票有关问题的公告》（国家税务总局公告2014年第39号）列举了三种情形，销售方对外开具的增值税专用发票同时符合的，不属于虚开增值税专用发票。

一是销售方向受票方销售了货物，或者提供了增值税应税劳务、应税服务。销售方应当拥有货物的所有权，包括以直接购买方式取得货物的所有权，也包括"先卖后买"方式取得货物的所有权。所谓"先卖后买"，是指纳税人将货物销售给下家在前，从上家购买货物在后。

二是销售方向受票方收取了所销售货物、所提供应税劳务或者应税服务的款项，或者取得了索取销售款项的凭据；

三是销售方按规定向受票方开具的增值税专用发票相关内容，与所销售货物、所提供应税劳务或者应税服务相符，且该增值税专用发票是纳税人合法取得、并以自己名义开具的。

8.9.2 善意取得虚开发票不征收滞纳金

纳税人善意取得虚开的增值税专用发票被依法追缴已抵扣税款的，不属于《中华人民共和国税收征收管理法》第三十二条"纳税人未按照规定期限缴纳税款"的情形，不适用该条"税务机关除责令限期缴纳外，从滞纳税款之日起，按日加收滞纳税款万分之五的滞纳金"的规定。

8.9.3 善意取得虚开发票能否在企业所得税前扣除

《中华人民共和国企业所得税法》第八条规定，企业实际发生的与取得收入有关的、合理的支出，包括成本、费用、税金、损失和其他支出，准予在计算应纳税所得额时扣除。《企业所得税法实施条例》第二十七条规定，企业所得税法第八条所称有关的支出，是指与取得收入直接相关的支出。企业所得税法第八条所称合理的支出，是指符合生产经营活动常规，应当计入当期损益或者有关资产成本的必要和正常的支出。

企业所得税法并没有规定税前扣除的凭证要件，也就说发票并不是所得税税前扣除的唯一凭据。而善意取得虚开发票的前提就是具有真实交易，因此属于与生产经营有关的支出，应当允许扣除。

例8-3：2011年9月，金湖盛锦铜业有限公司从凌源万运金属有限公司购废铜，2011年9月至11月，取得凌源万运金属有限公司提供的27份增值税专用发票，税额合计3 095 936.62元，2011年向国税机关认证通过，并申报抵扣税款3 095 936.62元。所购废铜已在2011年全部进入生产成本，2011年结转主营业务成本17 880 058.83元，2012年结转主营业务成本331 332.95元。

2013年10月14日，辽宁省凌源市国家税务局稽查局确认27份增值税专用发票为虚开。2014年1月22日，淮安市国家税务局稽查局作出《税务处理决定书》（淮安国税稽处〔2014〕9号），责令金湖盛锦铜业有限公司补缴增值税3 095 936.62元；补缴2011年企业所得税3 312 940.63元，补缴2012年企业所得税145 813.43元。

金湖盛锦铜业有限公司对补缴企业所得税事宜，不服税务机关行政处罚，向法院提起行政诉讼，一审法院判决企业胜诉，二审维持了一审判决，允许企业在税前扣除虚开发票对应的废铜成本（本案例摘自江苏省淮安市中级人民法院（2014）淮中行终字第0139号行政判决书）。请对以上行政诉讼作简要分析。

解析：（1）一审法院判决：善意取得的虚开增值税专用发票，税法明确规定不得作为增值税合法有效的扣税凭证抵扣其进项税额。对应的企业所产生的成本等是否可以作为企业所得税税前列支问题，税法没有作出明确规定。要求补缴企业所得税、加收滞纳金的处理决定，认定事实不清、法律依据不足，不予支持。（2）税务机关上诉意见：一是凌源市国税稽查局已开出《已证实虚开通知单》，证实了被上诉人持有的27份增值税专用发票为虚开；二是根据征管法第21条、发票管理办法第20条规定，企业购买商品必须取得发票，合法有效的发票是企业所得税税前扣除的唯一凭证，也能最有效证明交易的真实性；三是被上诉人取得的是虚开的增值税专用发票，属于不符合规定的发票，是不合法的凭证。一审判决认定事实错误，适用法律不当。（3）企业反诉意见：一是税务机关认为发票是税前扣除唯一凭证的观点有失偏颇，发票是证明支出的重要凭证，但不是唯一凭证。《会计法》第14条规定，会计凭证包括原始凭证和记帐凭证；二是是否应当补缴企业所得税和滞纳金，关键在于是否存在成本支出的事实。国家税务总局国税发〔2000〕187号文件的规定本身就说明了企业购买废铜的事实。三是处理决定中引用的法条，主要规定购买商品应当取得发票，但对善意取得的行为没有规定不能税前扣除或补缴所得税。

第 9 章

会计核算

会计核算是以货币为主要计量尺度，对会计主体已经发生或已经完成的经济活动进行核算，向会计信息使用人提供完整的、连续的、系统的、及时的会计信息。

本环节主要涉及会计科目设置，主要业务会计核算等内容。

2016年5月1日全面营改增后，财政部印发了《增值税会计处理规定》（财会〔2016〕22号），对全面营改增后的会计科目设置及账务处理进行了明确。企业据此能够清晰、准确地办理与增值税有关的具体业务。

9.1 会计科目的设置及核算内容

营改增后，增值税的会计核算更加复杂，"应交税费"下共设置了10个与增值税有关的二级科目，增值税一般纳税人在"应交增值税"下还需设置10个三级科目。

9.1.1 应交税费下与增值税有关的二级科目设置

为了核算企业应交增值税的发生、抵扣、进项转出、计提交纳等情况，需在"应交税费"科目下设置"应交增值税""未交增值税""预缴增值税""待抵扣进项税额""待认证进项税额""待转销项税额""增值税留抵税额""简易计税""转让金融商品应交增值税""代扣代缴增值税"等明细科目。

1. 应交税费——应交增值税

核算一般纳税人销售货物或者提供加工、修理修配劳务，销售服务、无形资产、不动产以及进口货物在本期应交纳的增值税，通过设置三级明细反映增值税的计提、抵扣、进项转出等。

2. 应交税费——未交增值税

核算一般纳税人月末转入的当月应交未交、多交或预缴的增值税额，以及当月缴纳以前期间未交的增值税。

3. 应交税费——预缴增值税

核算一般纳税人转让不动产、提供不动产经营租赁服务、提供建筑服务、采用预收款方式销售自行开发的房地产项目等，按现行增值税制度规定应预缴的增值税额。

4. 应交税费——待抵扣进项税额

"新增不动产购进未满 12 月进项税额"明细科目，核算一般纳税人自 2016 年 5 月 1 日后取得并按固定资产核算的不动产或者 2016 年 5 月 1 日后取得的不动产在建工程，按现行增值税制度规定准予以后期间从销项税额中抵扣的进项税额。

5. 应交税费——待认证进项税额

核算一般纳税人由于未经税务机关认证而不得从当期销项税额中抵扣的进行税额。包括：一般纳税人已取得增值税扣税凭证、按照现行增值税制度规定准予从销项税额中抵扣，但尚未经税务机关认证的进项税额；一般纳税人已申请稽核但尚未取得稽核相符结果的海关缴款书进项税额。

6. 应交税费——待转销项税额

核算一般纳税人销售货物、加工修理修配劳务、服务、无形资产或不动产，已确认相关收入（或利得）但尚未发生增值税纳税义务而需要于以后期间确认为销项税额的增值税额。

7. 应交税费——增值税留抵税额

核算一般纳税人兼有销售服务、无形资产或者不动产的原增值税一般纳税人，截至纳入营改增时点之日前的增值税期末留抵税额按照现行增值税制度规定不得从销售服务、无形资产或者不动产的销项税额中抵扣的增值税留抵税额。

8. 应交税费——简易计税

核算一般纳税人采用简易计税方法发生的增值税计提、扣减、预缴、缴纳等业务。

9. 应交税费——转让金融商品应交增值税

核算增值税纳税人转让金融商品发生的增值税额。

10. 应交税费——代扣代缴增值税

核算纳税人购进在境内未设经营机构的境外单位或个人在境内的应税行为代扣代缴的增值税。

9.1.2 应交增值税下三级明细科目的设置

增值税一般纳税人应在"应交增值税"下设置：进项税额、销售税额抵减、已交税金、转出未交增值税、减免税款、销项税额、进项税额转出、转出多交增值税等三级科目明细。

1. 应交税费——应交增值税——进项税额

该科目核算一般纳税人购进货物、加工修理修配劳务、服务、无形资产或不动产而支付或负担的、准予从当期销项税额中抵扣的增值税额。一般纳税人购进货物、加工修理修配劳务、服务、无形资产或不动产支付的进项税额，用蓝字登记；退回货物、加工修理修配劳务、服务、无形资产或不动产应冲销的进项税额，用红字登记。

期末余额：一般为 0，借方余额反映尚未抵扣的进项税额。

为正确归集各档税率的进项税额，以便内部管理，并满足增值税纳税申报表中《进项结构明细表》的填报要求，可在进项税额明细下按税率设置四级明细。

2. 应交税费——应交增值税——销项税额抵减

该科目核算一般纳税人按照现行增值税制度规定因扣减销售额而减少的销项税额。

房地产开发企业使用此科目主要是反映一般计税项目因土地价款及拆迁补偿费抵减的销项税额。

3. 应交税费——应交增值税——已交税金

本科目核算一般纳税人当月已交纳的应交增值税额。当月已缴纳的增值税额用蓝字登记，退回多缴的增值税额用红字登记。

4. 应交税费——应交增值税——转出未交增值税

本科目核算一般纳税人月终将当月发生的应交未交增值税的转出额。

5. 应交税费——应交增值税——转出多交增值税

本科目核算一般纳税人月终将当月发生的多交增值税的转出额。

6. 应交税费——应交增值税——减免税款

本科目核算一般纳税人经主管税务机关批准，实际减免的增值税额，企业购入增值税税控系统专用设备和技术维护费所支付的金额在此体现。

7. 应交税费——应交增值税——出口抵减内销产品应纳税额

本科目核算实行"免、抵、退"办法的一般纳税人按规定计算的出口货物的进项税抵减内销产品的应纳税额。

8. 应交税费——应交增值税——销项税额

本科目核算一般纳税人销售货物、加工修理修配劳务、服务、无形资产或不动产应收取的增值税额。一般纳税人销售货物、加工修理修配劳务、服务、无形资产或不动产应收取的销项税额，用蓝字登记；退回销售货物、加工修理修配劳务、服务、无形资产或不动产应冲销的销项税额，用红字登记。

9. 应交税费——应交增值税——出口退税

本科目核算一般纳税人出口货物、加工修理修配劳务、服务、无形资产按规定退回的增值税额。

10. 应交税费——应交增值税——进项税额转出

本科目核算企业购进货物，在产品、产成品等发生非正常损失以及其他原因而不应从销项税额中抵扣，按规定转出的进项税额。

9.2 预收款方式销售自行开发房地产项目的特殊处理

与现房交易相比，商品房预售合同的标的，实质上是房屋建成后依约交足房款并获得房屋所有权的一种"权利"。但站在税收角度，营改增后为保证税款的均衡入库，对预收款需要预缴税款。会计核算相应地需要清晰反映这一过程。

9.2.1 预缴增值税的会计核算

采用预收款方式销售自行开发的房地产项目时，应在收到预收款时按照3%的预征率预缴增值税，预缴时借记"应交税费——预缴增值税"科目，贷记"银行存款"，待纳税义务发生时从"应交税费——预缴增值税"科目结转至"应交税费——未交增值税"科目。

例9-1易瑾地产销售自行开发的A项目，2019年5月收到预收款项800万元（该项目适用一般计税方式，不考虑附加税）。请问该预收款应如何计算预缴增值税？会计处理应怎样做？

解析：应预缴的增值税税款＝预收款÷（1+适用税率）×3%=8 000 000÷（1+9%）×3%=220 183.49（元）。应在收到预收款的次月预缴增值税时做以下会计处理：

借：应缴税款——预缴增值税　　　　220 183.49元

贷：银行存款　　　　　　　　　　220 183.49元

9.2.2 预缴增值税的纳税申报

产生预缴税款事项时，按项目填写《增值税预缴税款表》，办理预缴申报。房地产开发企业以预收款方式销售自行开发房地产项目产生的预缴税款，在填写预缴税款表时，"扣除金额"列不需填写。

例9-2 沿用上例，《预缴税款表》的填写内容如图9-1所示：

附件5

增值税预缴税款表

税款所属时间：2019 年 5 月 1 日至 2019 年 5 月 31 日

纳税人识别号：□□□□□□□□□□□□□□□□□□□□　　是否适用一般计税方法　　是 √ 否 □

纳税人名称：（公章）　　易瑾地产　　　　　　　　　　金额单位：元（列至角分）

项目编号	********	项目名称	*****
项目地址	********		

一、预征项目

预征项目和栏次		销售额	扣除金额	预征率	预征税额
		1	2	3	4
建筑服务	1				
销售不动产	2	8,000,000.00	不需填写	3%	220,183.49
出租不动产	3				
	4				
	5				
合计	6	8,000,000.00			220,183.49

授权声明	如果你已委托代理人填报，请填写下列资料： 为代理一切税务事宜，现授权（地址）为本次纳税人的代理填报人，任何与本表有关的往来文件，都可寄予此人。 授权人签字：	填表人申明	以上内容是真实的、可靠的、完整的。 纳税人签字：

图 9-1 《增值税预缴税款表》

同时，在填写《增值税纳税申报表》（一般纳税人适用）时，将本期预缴金额填入增值税纳税申报表附列资料（四）税额抵减情况表中。

例9-3 沿用上例，预缴税款在《增值税纳税申报表》中的填写内容如图9-2所示：

增值税纳税申报表附列资料（四）

（税额抵减情况表）

税款所属时间：2019 年5 月1 日至2019 年5 月31 日

纳税人名称：（公章）　　　　　　　　　　　　　　　　　　　　金额单位：元至角分

一、税额抵减情况

序号	抵减项目	期初余额	本期发生额	本期应抵减税额	本期实际抵减税额	期末余额
		1	2	3=1+2	4≤3	5=3-4
1	增值税税控系统专用设备费及技术维护费					
2	分支机构预征缴纳税款					
3	建筑服务预征缴纳税款					
4	销售不动产预征缴纳税款		220,183.49	220,183.49		220,183.49
5	出租不动产预征缴纳税款					

图 9-2 《增值税纳税申报表》附列资料四

9.2.3 不同项目间预缴税款的抵减情况

同一纳税主体同时开发多个房地产项目的，预缴税款的抵减没有对项目一一对应的限制要求，预缴当月有其他项目正常缴纳税款的，申报时抵减预缴税款。

例9-4 接上例。易瑾地产同时开发另一项目B，2019年5月销售额1 000万元。假设扣减土地价款，抵扣当月进项税后应交增值税247 981.65元，应如何缴纳增值税？抵减时应如何做会计处理？

解析：应交增值税金额为247 981.65元，则当月抵减A项目预缴税款220 183.49元后实际应缴税款为27 798.16元。

抵减时应做如下会计处理：

借：应交税费——未交增值税　　　　 220 183.49元

　　贷：应交税费——预缴增值税　　　　 220 183.49元

预缴税款的抵减情况在《增值税纳税申报表》中的填写内容如图9-3和图9-4所示：

增值税纳税申报表附列资料（四）

（税额抵减情况表）

税款所属时间：2019 年 5 月 1 日至2019 年5 月31 日

纳税人名称：(公章)　　　　　　　　　　　　　　　　　　　　　　　　　　　　　　　金额单位：元至角分

序号	抵减项目	期初余额	本期发生额	本期应抵减税额	本期实际抵减税额	期末余额
		1	2	3=1+2	4≤3	5=3-4
1	增值税税控系统专用设备费及技术维护费					
2	分支机构预征缴纳税款					
3	建筑服务预征缴纳税款					
4	销售不动产预征缴纳税款		220,183.49	220,183.49	220183.49	—
5	出租不动产预征缴纳税款					

图 9-3 《增值税纳税申报表》附列资料四

增值税纳税申报表

（一般纳税人适用）

根据国家税收法律法规及增值税相关规定制定本表。纳税人不论有无销售额，均应按税务机关核定的纳税期限填写本表，并向当地税务机关申报。

税款所属时间：自2019 年 5 月 1 日至2019 年5 月31 日　　　　填表日期： 年 月 日　　　　金额单位：元至角分

		项目		栏次		一般项目		即征即退项目	
						本月数	本年累计	本月数	本年累计
		纳税人识别号						所属行业：	
		纳税人名称		(公章)	法定代表人姓名		注册地址	生产经营地址	
		开户银行及账号			登记注册类型			电话号码	
销售额		（一）按适用税率计税销售额		1		9,174,311.93			
		其中：应税货物销售额		2					
		应税劳务销售额		3					
		纳税检查调整的销售额		4					
		（二）按简易办法计税销售额		5					
		其中：纳税检查调整的销售额		6					
		（三）免、抵、退办法出口销售额		7				--	--
		（四）免税销售额		8				--	--
		其中：免税货物销售额		9				--	--
		免税劳务销售额		10				--	--

图 9-4 《增值税纳税申报表》

	项目	序号				
税款计算	销项税额	11	577,981.65			
	进项税额	12	330,000.00			
	上期留抵税额	13				--
	进项税额转出	14				
	免、抵、退应退税额	15			--	--
	按适用税率计算的纳税检查应补缴税额	16			--	--
	应抵扣税额合计	17=12+13-14-15+1	330,000.00		——	
	实际抵扣税额	18（如17<11，则为17，否则为11）	330,000.00			
	应纳税额	19=11-18	247,981.65			
	期末留抵税额	20=17-18				
	简易计税办法计算的应纳税额	21				
	按简易计税办法计算的纳税检查应补缴税额	22			--	
	应纳税额减征额	23				
	应纳税额合计	24=19+21-23	247,981.65			
税款缴纳	期初未缴税额（多缴为负数）	25				
	实收出口开具专用缴款书退税额	26			--	
	本期已缴税额	27=28+29+30+31	220,183.49			
	①分次预缴税额	28	220,183.49		--	--
	②出口开具专用缴款书预缴税额	29			--	--
	③本期缴纳上期应纳税额	30				
	④本期缴纳欠缴税额	31				
	期末未缴税额（多缴为负数）	32=24+25+26-27				
	其中：欠缴税额（≥0）	33=25+26-27			--	
	本期应补(退)税额	34=24-28-29	27,798.16		--	--
	即征即退实际退税额	35	--		--	
	期初未缴查补税额	36			--	
	本期入库查补税额	37			--	
	期末未缴查补税额	38=16+22+36-37			--	--

授权声明	如果你已委托代理人申报，请填写下列资料： 为代理一切税务事宜，现授权 （地址） 为本纳税人的代理申报人，任何与本申报表有关的往来文件，都可寄予此人。 授权人签字：	申报人声明	本纳税申报表是根据国家税收法律法规及相关规定填报的，我确定它是真实的、可靠的、完整的。 声明人签字：

主管税务机关：　　　　　　　　　接收人：　　　　　　　　接收日期：

图 9-4 《增值税纳税申报表》（续）

9.3 视同销售行为的会计处理

房地产开发企业向其他单位或者个人无偿转让不动产（用于公益事业或者以社会公众为对象的除外），或以开发项目抵债、以开发项目进行利润分配的，都应视同销售，按规定缴纳增值税。

发生税法上视同销售的行为时，在按照企业会计准则制度相关规定进行相应会计处理的同时，应按照现行增值税制度规定计算销项税额（或采用简易计税方法计算的应纳增值税额），在会计处理上建立借记"应付职工薪酬""利润分配""应付账款"等科目，贷记"应交税费——应交增值税（销项税额）"或"应交税费——简易计税"科目。

9.4　一般计税项目特殊业务的会计处理

9.4.1　土地价款抵减销售额的会计处理

房地产开发企业中的一般纳税人销售其开发的房地产项目（选择简易计税方法的房地产老项目除外），以取得的全部价款和价外费用，扣除受让土地时向政府部门支付的土地价款后的余额为销售额，该项扣减销售额而减少的销项税额通过"应交税费——应交增值税——销项税额抵减"科目进行核算。

在取得土地时，按应付或实际支付的金额借记"开发成本"，贷记"应付或银行存款"科目。待取得合规增值税扣税凭证且纳税义务发生时按照允许抵扣的税额借记"应交税费——应交增值税——销项税额抵减"科目，同时贷记"开发成本"科目。

例9-5　易瑾地产以出让方式取得一块土地，支付土地价款1亿元，已取得符合规定的财政票据，项目可供销售总建筑面积为20 000平方米。2019年5月销售额1 000万元，销售面积600平方米。请问应怎样做会计处理？

解析：取得土地时，应做如下会计处理：

借：开发成本——土地　　　　　　　　　　　　　　　　　1亿元

　　贷：银行存款　　　　　　　　　　　　　　　　　　　　1亿元

2019年5月实际销售额时，应做如下会计处理：

当期允许扣除的土地价款＝（当期销售房地产项目建筑面积÷房地产项目可供销售建筑面积）×支付的土地价款＝（600÷20 000）×10 000＝300（万元）。扣减销售额可减少的销项税额为＝300÷（1+9%）×9%＝24.77（万元）。

借：银行存款/应收账款   1000万元

  贷：主营业务收入   917.43万元

    应交税费——应交增值税——销项税额（9%） 82.57万元

借：应交税费——应交增值税——销项税额抵减 24.77万元

  贷：开发成本——土地   24.77万元

9.4.2 因非正常损失需转出的进项税额的会计处理

非正常损失，是指因管理不善造成货物被盗、丢失、霉烂变质，以及因违反法律法规造成货物或者不动产被依法没收、销毁、拆除的情形。在发生非正常损失时，所对应的购进货物、加工修理修配劳务、交通运输服务、设计服务、建筑服务等项目的进项税额不得从销项税额中抵扣，需做转出处理。转出时借记"开发成本"科目，贷记"应交税费——应交增值税——进项税额转出"科目。

例9-6 易瑾地产某项目一期沿湖岸线已开发完成10套别墅、在建（停工）正负零5套别墅。根据《汉江市湖泊整治管理办法》规定，"湖泊水域线为湖泊最高控制水位；湖泊绿化用地线以湖泊水域线为基线，向外延伸不少于30米；湖泊外围控制范围以湖泊绿化用地线为基线，向岸上延伸不少于300米。湖泊水域和绿化用地除按照规划建设必要的市政公用设施外，禁止建设任何建筑物、构筑物"，当地政府要求公司限期予以拆除。请问该项目应如何做会计处理？

解析：该项目属于违反法律法规的违章建筑，因此已经抵扣的进项税额应予以转出，不能抵扣。在收到政府出具的限期拆除通知书时，应将已抵扣的进项税额做如下会计处理：

借：开发成本

  贷：应交税费——应交增值税——进项税额转出

9.4.3 支付境外设计费扣缴增值税的会计处理

境内房地产公司接受境外设计服务而支付境外设计费时，境内购买方应作为扣缴义务人，按照适用税率扣缴增值税，扣缴的增值税通过"应交税费——代扣代缴增值税"科目核算。购进设计服务时，按应计入开发成本的金额借计"开发成本"科目，按可抵扣的增值税额借记"应交税费——应交增值税——进项税额"（小规模纳税人或简易计税项目应借记开发成本科目），按应付或实际支付金额贷记"应付""银行存款"科目，按应扣缴的增值税额贷记"应交税费——代扣代缴增值税"科目。实际缴纳扣缴增值税时，借记"应交税费——代扣代缴增值税"，贷记"银行存款"科目。

9.4.4　土地返还款的会计处理

在实务中，各地政府在招商引资时经常出现通过返还土地出让金给予房地产企业补偿奖励的情形。虽然该项补偿奖励以交纳的土地出让金做为返还基数，但其返还的并不是出让金，而是以其他名目的财政返还，属于企业从政府取得的一项政府补助，在会计处理上应按照《企业会计准则第16号——政府补助》的规定执行。

例9-7　易瑾地产2017年8月通过招拍挂程序取得一块土地，总价款2 600万元，取得政府开具的非税收入财政票据2 600万元，同时获得政府返还奖励款1 000万元。请问应如何做会计处理？

解析：此情况下应分别确认开发成本和营业外收入。

借：开发成本——土地　　　　　　　　2 600万元

　　贷：银行存款　　　　　　　　　　2 600万元

同时确认营业外收入

借：银行存款　　　　　　　　　　　　1 000万元

　　贷：营业外收入——政府奖励　　　1 000万元

9.4.5　期末会计处理及报表列示

月度终了，企业应当将当月应交未交或多交的增值税自"应交增值税"明细科目转入"未交增值税"明细科目。对于当月应交未交（三级科目结转的贷方差额）的增值税，借记"应交税费——应交增值税——转出未交增值税"科目，贷记"应交税费——未交增值税"科目；对于当月多交（三级科目结转的借方差额）的增值税，借记"应交税费——未交增值税"科目，贷记"应交税费——应交增值税——转出多交增值税"科目。具体处理如下：

1. 结转应交增值税三级科目

借：应交税费——应交增值税——销项税额

　　应交税费——应交增值税——进项税额转出

　　应交税费——应交增值税——转出多交增值税（借方差额）

　　贷：应交税费——应交增值税——进项税额

　　　　应交税费——应交增值税——已交税金

　　　　应交税费——应交增值税——销项税额抵减

　　　　应交税费——应交增值税——转出未交增值税（贷方差额）

2. 应交未交转入未交增值税科目

借方差额：

借：应交税费——未交增值税

　　贷：应交税费——转出转出多交增值税

贷方差额：

借：应交税费——转出未交增值税

　　贷：应交税费——未交增值税

"应交税费"科目下的"应交增值税""未交增值税""待抵扣进项税额""待认证进项税额""增值税留抵税额"等明细科目期末借方余额应根据情况，在资产负债表中的"其他流动资产" 或"其他非流动资产"项目列示；"应交税费——待转销项税额"等科目期末贷方余额应根据情况，在资产负债表中的"其他流动负债"或"其他非流动负债"项目列示；"应交税费"科目下的"未交增值税""简易计税""转让金融商品应交增值税""代扣代交增值税"等科目期末贷方余额应在资产负债表中的"应交税费"项目列示。

9.5 常见业务会计核算举例

为更好地理解增值税的会计核算原理，下面，根据房地产开发企业实务中的常见业务场景，区分一般计税、简易计税、现房销售、期房销售、同地区出租、跨地区出租等情形，举例进行模拟会计处理。

9.5.1 一般计税模式下销售现房的会计核算

例9-8 甲房地产企业2017年6月向政府部门支付土地价款1 090万元，取得符合规定的财政票据；2019年6月销售房产取得收入1 090万元，销售面积占可售面积的20%；6月支付施工方款项327万元，取得增值税专用发票注明进项税额27万元。假设甲企业该项目适用一般计税方式，当期无预缴增值税，不考虑附加税。请问其2017年6月以来的会计处理应如何做？

解析：会计分录：

1. 购进土地时

借：开发成本——土地　　　　　　　　　　　　　　　1 090万元

　　贷：银行存款　　　　　　　　　　　　　　　　　 1 090万元

2. 收到销售款项时

借：银行存款　　　　　　　　　　　　　　　　　　　1 090万元

　　贷：主营业务收入　　　　　　　　　　　　　　　 1 000万元

　　　　应交税费——应交增值税——销项税额（9%）　 90万元

计算销项税的销售额=（收到的全部价款和价外费用-当期允许扣除的土地价款）÷(1+9%)=（1 090-1 090×20%）÷1.09=800万元

实际销项税额=800×9%=72（万元）

借：应交税费——应交增值税——销项税额抵减　　　　18万元

　　营业成本　　　　　　　　　　　　　　　　　　　200万元

　　贷：开发产品　　　　　　　　　　　　　　　　　 218万元

（即在每次转让时，将土地价款中对应的可抵减税额剔除，同时接剔除可

抵减税额后的净值转入营业成本）

3．支付施工款时

借：开发成本—建安工程款	300万元
应交税费——应交增值税——进项税额（9%）	27万元
贷：银行存款	327万元

4．结转未交增值税

| 借：应交税费——应交增值税——转出未交增值税 | 45万元 |
| 贷：应交税费——未交增值税——一般计税 | 45万元 |

5．缴纳增值税

| 借：应交税费——未交增值税——一般计税 | 45万元 |
| 贷：银行存款 | 45万元 |

6．特定资产负债表日结转三级科目

借：应交税费——应交增值税——销项税额（9%）	90万元
贷：应交税费——应交增值税——销项税额抵减	18万元
贷：应交税费——应交增值税——进项税额（9%）	27万元
贷：应交税费——转出未交增值税	45万元

9.5.2 一般计税模式下销售期房的会计核算

例9-9 甲房地产企业2017年6月向政府部门支付土地价款1 090万元，取得符合规定的财政票据；2019年6月收到预收款项1 090万元，同年10月将预收款项结转收入，销售面积占可售面积为20%，10月支付施工方款项327万元。取得增值税专用发票注明进项税额27万元，假设甲企业该项目适用一般计税方式，不考虑附加税。请问其2017年6月以来的会计处理应如何做？

解析：会计分录：

1．购进土地时

| 借：开发成本——土地 | 1 090万元 |
| 贷：银行存款 | 1 090万元 |

2. 收到预收款项时

借：银行存款 1 090万元

　　贷：预收款项（通过辅助核算区分一般或简易） 1 090万元

3. 收到预收款次月预缴增值税时

借：应交税费——预缴增值税 30万元

　　贷：银行存款 30万元

预缴税款=预收款÷（1+适用税率或征收率）×3%=1 090÷(1+9%)×3%=30（万元）

4. 预收款结转收入时

借：预收款项 1 090万元

　　贷：主营业务收入 1 000万元

　　　　应交税费——应交增值税——销项税额（9%） 90万元

计算销项税的销售额=（收到的全部价款和价外费用-当期允许扣除的土地价款）÷(1+9%)=（1 090-1 090×20%）×1.09=800万元

实际销项税额=800×9%=72万元

借：应交税费——应交增值税——销项税额抵减 18万元

　　营业成本 200万元

　　贷：开发产品 218万元

（即在每次转让时，将土地价款中对应的可抵减税额剔除，同时按剔除可抵减税额后的净值转入营业成本）

5. 支付施工款时

借：开发成本——建安工程款 300万元

　　应交税费——应交增值税——进项税额（9%） 27万元

　　贷：银行存款 327万元

6. 结转未交增值税

借：应交税费——应交增值税——转出未交增值税 45万元

　　应交税费——未交增值税——一般计税 30万元

　　贷：应交税费——预缴增值税 30万元

应交税费——未交增值税——一般计税	45万元

7. 申报缴纳增值税时

借：应交税费——未交增值税——一般计税	15万元
贷：银行存款	15万元

9.5.3　简易计税模式下销售现房的会计核算

例9-10　甲公司2016年6月向政府部门支付的土地价款支出1 110万元，取得符合规定的财政票据；2017年10月收到销售款项1 050万元，销售面积占可售面积的20%，10月支付施工方款项333万元，取得增值税普通发票。假设甲企业该项目适用简易计税方式，不考虑附加税。请问甲公司2016年6月以来的会计处理应如何做？

解析：会计分录：

1. 购进土地时

借：开发成本——土地	1 110万元
贷：银行存款	1 110万元

2. 收到销售款项时

借：银行存款	1 050万元
贷：主营业务收入	1 000万元
应交税费——简易计税	50万元

销售额=收到的全部价款和价外费用÷(1+5%)=1 050÷1.05=1 000（万元）

应交增值税税额=1 000×5%=50（万元）

简易计税项目计算销售额时不能扣除土地成本。

3. 支付施工款时

借：开发成本——建安工程款	333万元
贷：银行存款	333万元

4. 申报缴纳增值税时

借：应交税费——简易计税	50万元
贷：银行存款	50万元

9.5.4 简易计税模式下销售期房的会计核算

例9-11 甲房地产企业2016年6月向政府部门支付土地价款1 110万元，取得符合规定的财政票据；2017年7月收到预收款项1 050万元，同年10月将预收款项结转收入，销售面积占可售面积的20%，10月支付施工方款项333万元，取得增值税普通发票。假设甲企业该项目适用简易计税方式，不考虑附加税。请问甲企业2016年6月以来的会计处理应如何做？

解析：会计分录：

1. 购进土地时

借：开发成本——土地 1 110万元

　　贷：银行存款 1 110万元

2. 收到预收款项时

借：银行存款 1 050万元

　　贷：预收款项（通过辅助核算区分一般或简易） 1 050万元

3. 收到预收款次月预缴增值税时

借：应交税费——简易计税 30万元

　　贷：银行存款 30万元

应预缴税款=预收款÷（1+适用税率或征收率）×3%=1 050÷(1+5%)×3%=30（万元）

4. 预收款结转收入时

借：预收款项 1 050万元

　　贷：主营业务收入 1 000万元

　　　　应交税费——简易计税 50万元

计算销售额=收到的全部价款和价外费用÷(1+5%)=1 050÷1.05=1 000（万元）

销项税额=1 000×5%=50（万元）

5. 支付施工款时

借：开发成本——建安工程款 333万元

　　贷：银行存款 333万元

6. 申报缴纳增值税时

借：应交税费——简易计税　　　　　　　　　　　　　20万元

　　贷：银行存款　　　　　　　　　　　　　　　　　　20万元

结论：案例9-10与案例9-11实际缴纳增值税额均为50万元，案例9-10为10月一次性缴纳，案例9-11在7月预缴增值税30万元，10月缴纳增值税20万元。

9.5.5　一般计税模式下出租同地区房产的会计核算

例9-12　甲房地产企业2019年6月对外出租商业用房，取得租金收入109万元，当月支付维修费11.3万元，取得增值税专用发票注明的进项税额1.3万元。假设甲公司该项目适用一般计税方式，不动产所在地与机构所在地在同一县（市、区），不考虑附加税费。请问该公司会计处理应如何做？

解析：会计分录：

1. 收到租金收入时

借：银行存款　　　　　　　　　　　　　　　　　　109万元

　　贷：主营业务收入　　　　　　　　　　　　　　　　100万元

　　　　应交税费——应交增值税——销项税额（9%）　9万元

2. 支付维修费时

借：主营业务成本　　　　　　　　　　　　　　　　　10万元

　　应交税费——应交增值税——进项税额（13%）　　1.3万元

　　贷：银行存款　　　　　　　　　　　　　　　　　　11.3万元

3. 结转未交增值税

借：应交税费——应交增值税——转出未交增值税　　　7.7万元

　　贷：应交税费——未交增值税——一般计税　　　　　7.7万元

4. 申报缴纳增值税时

借：应交税费——未交增值税——一般计税　　　　　　7.7万元

　　贷：银行存款　　　　　　　　　　　　　　　　　　7.7万元

9.5.6 一般计税模式下出租异地房产的会计核算

例9-13 甲房地产企业2019年6月对外出租商业用房，取得租金收入109万元，当月支付维修费11.3万元，取得增值税专用发票注明的进项税额1.3万元，假设甲公司该项目适用一般计税方式，不动产所在地与机构所在地不在同一县（市、区），不考虑附加税费。请问该公司会计处理应如何做？

会计分录：

1. 收到租金收入时

借：银行存款   109万元

    贷：主营业务收入   100万元

        应交税费——应交增值税——销项税额——9%   9万元

2. 预缴增值税时

借：应交税费——预缴增值税   3万元

    贷：银行存款   3万元

应预缴税款 = 含税销售额 ÷（1+9%）× 3%=109÷1.09×3%=3万元

3. 支付维修费时

借：主营业务成本   10万元

      应交税费——应交增值税——进项税额（13%）   1.3万元

    贷：银行存款   11.3万元

4. 结转未交增值税

借：应交税费——应交增值税——转出未交增值税   7.7万元

    贷：应交税费——未交增值税——一般计税   7.7万元

借：应交税费——未交增值税——一般计税   3万元

    贷：应交税费——预缴增值税   3万元

5. 申报缴纳增值税时

借：应交税费——未交增值税——一般计税   4.3万元

    贷：银行存款   4.3万元

9.5.7　简易计税模式下出租同地区房产的会计核算

例9-14　甲房地产企业2019年6月对外出租商业用房，取得租金收入105万元，当月支付维修费11.3万元，取得增值税普通发票。假设甲公司该项目适用简易计税方式，不动产所在地与机构所在地在同一县（市、区），不考虑附加税费。请问该公司会计处理应如何做？

解析：会计分录：

1. 收到租金收入时

借：银行存款　　　　　　　　　　　　　　　105万元

　　贷：主营业务收入　　　　　　　　　　　100万元

　　　　应交税费——简易计税　　　　　　　5万元

2. 支付维修费时

借：主营业务成本　　　　　　　　　　　　　11.3万元

　　贷：银行存款　　　　　　　　　　　　　11.3万元

3. 申报缴纳增值税时

借：应交税费——简易计税　　　　　　　　　5万元

　　贷：银行存款　　　　　　　　　　　　　5万元

9.5.8　简易计税模式下出租异地房产的会计核算

例9-15　甲房地产企业2019年6月对外出租商业用房，取得租金收入105万元，当月支付维修费11.3万元，取得增值税专用发票注明的进项税额1.3万元。假设甲公司该项目适用简易计税方式，不动产所在地与机构所在地不在同一县（市、区），不考虑附加税费。请问该公司会计处理应如何做？

解析：会计分录：

1. 收到租金收入时

借：银行存款　　　　　　　　　　　　　　　105万元

　　贷：主营业务收入　　　　　　　　　　　100万元

　　　　应交税费——简易计税　　　　　　　5万元

2. 预缴增值税时

借：应交税费——简易计税　　　　　　　　　　　　3万元

　　贷：银行存款　　　　　　　　　　　　　　　　3万元

应预缴税款＝含税销售额÷（1+5%）×3%=105÷1.05×3%=3（万元）

3. 支付维修费时

借：主营业务成本　　　　　　　　　　　　　　　11.3万元

　　贷：银行存款　　　　　　　　　　　　　　　11.3万元

4. 申报缴纳增值税时

借：应交税费——简易计税　　　　　　　　　　　　2万元

　　贷：银行存款　　　　　　　　　　　　　　　　2万元

第 10 章

税收筹划

税收成本是房地产开发企业的一项重要支出，也是一种具有高风险和高弹性的成本。房地产开发企业要在激烈的市场竞争中胜出，获得成本优势是基本手段之一。通过税收筹划实现房地产开发企业税收负担的最优化，降低房地产开发企业税收成本，增加股东价值，提高企业竞争优势，是目前房地产企业增强其竞争力的有效方法之一。

税收筹划是指纳税人在遵守法律法规的前提下，通过事先合理安排与规划企业的经营、投资、理财等活动，实现税收负担最优化、股东价值最大化的经济活动。

10.1　树立新型税收筹划思维

新型税收筹划思维具有四个特点，一是准确纳税；二是合法纳税；三是筹划前置；四是跳出税收范畴规划税收。

1. 准确纳税

纳税人面临应税行为有四种选择：依法纳税、合法节税、合理避税、偷税，如图 10-1 所示。

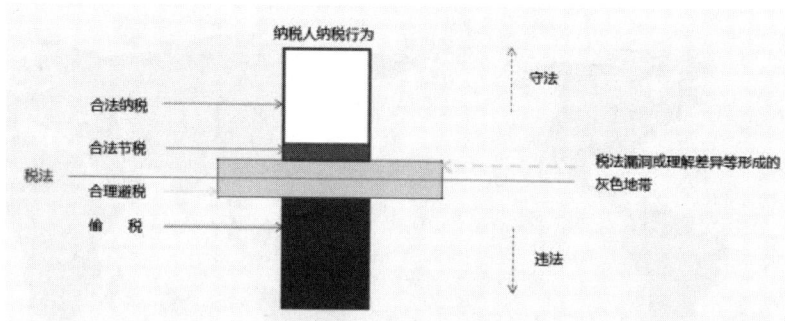

图 10-1　纳税人的四种选择

依法纳税是纳税人的义务，要求纳税人按照税法规定及时足额地缴纳各种税收。作为纳税人，依法纳税的目标不仅仅应满足不少缴税，而且也不应该多缴税，即准确纳税，这也是税收筹划所需要实现的目标。

2. 合法节税

虽然法无禁止则自由，但作为税务机关而言，对于避税行为没有合理与不合理之分，税务机关有权利启动反避税程序，对纳税人的避税行为进行调整。因此，面对不确定性的税务风险，合法节税是税收筹划应该牢固树立的第二个关键点。

3. 筹划前置

税收是企业经济活动的结果，企业的组织架构、商业模式、业务模式、会计处理都会对税收产生影响。因此，好的税收筹划应该事前规划。

4. 跳出税收范畴规划税收

"就税谈税"是传统税收筹划的固有局限，纳税人往往只关注税收筹划的直接结果——税负的高低，没有树立全局观，没有站在战略高度考虑税收筹划，没有将企业价值的最大化作为税收筹划的目的。

我们以碧桂园为例。2017 年，碧桂园率先采用了新的收入准则，截至 2017 年 6 月 30 日，增加营业收入 147 亿元，增加利润 33 亿元。会计政策的改变，大幅提升了碧桂园的业绩和财务状况，也增强了碧桂园对外融资的议价能力，从而有助于拓宽融资渠道，降低融资成本。但是站在税收角度，由于税会差异，碧桂园按照会计准则确认的收入，在税收上可能并未实现。也就是说，我们在进行税收筹划的时候，并不一定非要直接达到降低税负的目的，而是要通过评估税收对业务模式、会计处理等的影响，帮助企业正确进行决策，通过企业价值的最大化，间接实现税收的最优化。

10.2　收购方式的税收筹划

2017 年度房地产开发企业通过并购方式拿地的比例继续攀升，一方面是因为各个城市特别是一线城市土地供应有限，另一方面是因为政策调控下新推出地块附带了多重限制。因此，房地产开发企业开始通过并购方式拿地。并购拿地的优势在于，一是可以降低拿地成本和风险；二是可以快速推出市场，为企业业绩带来快速增长；三是税收成本较低。

并购主要分为两类，项目收购和整体平台收购。目前房地产开发企业还是以项目收购为主，整体平台收购相对较少。例如，泰禾集团 2017 年 1 至 8 月新拓展 12 个项目，其中 10 个项目是通过并购的方式获取，公司的土地获取成本得到了很好的把控。

具体到项目收购时，收购可以采取两种方式：资产收购和股权收购。

10.2.1　资产收购和股权收购

资产收购，是指一家企业（受让企业）购买另一家企业（转让企业）实质经营性资产的交易。受让企业支付对价的形式包括股权支付、非股权支付或两者的组合。

股权收购，是指一家企业（收购企业）购买另一家企业（被收购企业）的股权，以实现对被收购企业控制的交易。收购企业支付对价的形式包括股权支付、非股权支付或两者的组合。

股权支付，是指企业重组中购买、换取资产的一方支付的对价中，以本企业或其控股企业的股权、股份作为支付的形式；非股权支付，是指以本企业的现金、银行存款、应收款项、本企业或其控股企业股权和股份以外的有价证券、存货、固定资产、其他资产以及承担债务等作为支付的形式。

例 10-1：易瑾地产集团所属全资子公司易鑫地产注册资本 2 亿元，在京州市东丽区正在开发东丽天府 5A 甲级写字楼项目。东丽天府位于高铁东站出口旁边（地铁 1 号线、7 号线交汇于此），步行仅 3 分钟，交通十分方便。写字楼为全租赁物业，地上建筑面积 76 000 平方米，地下建筑面积 36 800 平方米。地上单层面积 2 000 平方米，净高 3 米，共计 38 层。配备 16 部奥的斯电梯，每四层有一个空中花园，倡导绿色环保办公。租赁面积区间 160～2 000 平方米。因易瑾地产集团战略转型，拟整体转让该项目。

该项目取得土地使用权支付的金额为564 060 381.14元，前期工程费为25 338 621.46元，建筑安装工程费为362 651 951.86元，基础设施费为33 766 930.41元，开发间接费为用3 133 702.94元。项目所需资金，全部由集团提供。易瑾地产集团委托中和资产评估公司对该项目进行了评估，评估结果认为，如转让在建工程，评估值为1 458 239 866.66元；如转让易鑫地产100%股权，评估值为659 000 000.00元。该项目为营改增前的老项目，易鑫地产选择适用简易计税方法，适用税率为5%。计算土地增值税时，按照东丽主管税务机关的要求，凡不能按转让房地产项目计算分摊利息支出或不能提供金融机构证明的，房地产开发费用按"取得土地使用权所支付的金额"与"房地产开发成本金额"之和的10%以内计算扣除。

现京州融信地产有意向收购该项目，请分析不同模式下的税负差异。

解析：

1. 方案一：转让在建工程

应纳增值税=1 458 239 866.66 × 5% = 72 911 993.33（元）

应纳城市维护建设税=72 911 993.33 × 7% = 5 103 839.53（元）

应纳教育费附加=72 911 993.33 × 3% = 2 187 359.80（元）

应纳地方教育费附加=72 911 993.33 × 2% = 1 458 239.87元

土地增值税计算过程详见表10-1。

表10-1　土地增值税纳税申报

（纳税人整体转让在建工程适用）

税款所属时间：2019年5月1日至2019年5月31日　　　　　　填表日期：2019年6月15日

纳税人识别号：　　　　　　　　　　　单位：元至角分　　　面积单位：平方米

纳税人名称	易鑫地产	项目名称	东丽天府	项目编号	略	项目地址	略
所属行业	房地产	登记注册类型	有限责任	纳税人地址	略	邮政编码	略
开户银行	略	银行账号	略	主管部门	略	电话	略
项　　目				行次		金　　额	
一、转让房地产收入总额　1=2+3+4				1		1 458 239 866.66	
其中	货币收入			2		1 458 239 866.66	
	实物收入及其他收入			3			

项 目	行次	金 额
视同销售收入	4	
二、扣除项目金额合计 5＝6+7+14+17+21	5	1 294 386 503.35
1.取得土地使用权所支付的金额	6	564 060 381.14
2.房地产开发成本 7＝8+9+10+11+12+13	7	424 891 206.67
其中 土地征用及拆迁补偿费	8	
前期工程费	9	25 338 621.46
建筑安装工程费	10	362 651 951.86
基础设施费	11	33 766 930.41
公共配套设施费	12	
开发间接费用	13	3 133 702.94
3.房地产开发费用 14＝15+16	14	9 8895 158.78
其中 利息支出	15	
其他房地产开发费用	16	
4.与转让房地产有关的税金等 17＝18+19+20	17	8 749 439.20
其中 营业税	18	
城市维护建设税	19	5 103 839.53
教育费附加	20	3 645 599.67
5.财政部规定的其他扣除项目	21	197 790 317.56
三、增值额 22＝1-5	22	163 853 363.31
四、增值额与扣除项目金额之比（％）23＝22÷5	23	12.66%
五、适用税率（核定征收率）（％）	24	30.00%
六、速算扣除系数（％）	25	
七、应缴土地增值税税额 26＝22×24-5×25	26	49 156 008.99
八、减免税额（减免性质代码： ）	27	
九、已缴土地增值税税额	28	
十、应补（退）土地增值税税额 29＝26-27-28	29	49 156 008.99

假设截至2019年12月31日，易鑫地产以前年度可弥补亏损及当期可税前扣除的期间费用合计为1 000万元，易鑫地产2019年度应纳企业所得税计算如下：

营业收入=1 458 239 866.66元

税金及附加=8 749 439.20+49 156 008.99=57 905 448.19（元）

开发产品成本=564 060 381.14+424 891 206.67=98 8951 587.81（元）

应纳税所得额=1 458 239 866.66-57 905 448.19-988 951 587.81-10 000 000

$$= 401 382 830.66（元）$$

应纳企业所得税= 401 382 830.66 × 25% = 100 345 707.67（元）

方案一合计需要缴纳各种税231 163 149.19元。

2. 方案二：转让股权

转让股权不征收增值税、土地增值税，易瑾地产集团需要将股权转让收入并入当期应纳税所得额征收企业所得税（假设易瑾地产2019年度除股权转让收入外，没有其他收入，可税前扣除的成本费用为1 600万元）。

易瑾地产应纳企业所得税=（659 000 000-200 000 000）

$$-16 000 000） × 25%$$

$$= 110 750 000.00（元）$$

方案二与方案一相比税负降低120 413 149.19元。

在实务中，对于通过股权转让方式转让房地产项目是否征收土地增值税，一直存在税企争议。原因是针对深圳市能源集团有限公司和深圳能源投资股份有限公司一次性共同转让深圳能源(钦州)实业有限公司100％股权的个案，税务总局批复的国税函〔2000〕687号文件明确规定，这些以股权形式体现的资产主要是土地使用权、地上建筑物及附着物，经研究，对此应按土地增值税的规定征税。

该文件是税务总局答复广西壮族自治区地方税务局的文件，我们认为该文件属于个案批复，不具有普适性。企业转让的是股权而不是国有土地使用权及其附着物，不符合土地增值税暂行条例规定的征税范围。因此，文件出台后各地税务机关对该文件执行口径不一，有参照执行的，也有未执行的。

10.2.2　资产收购应关注的两个税收风险点

在实务中，资产收购应关注两个税收风险点：

一是房地产开发企业购买未竣工项目，继续建设后再转让时应如何加计扣除。

在实务中，各地对该事项存在不同的政策口径和实操经验，主要有两种：一是允许对购买未竣工项目支付的价款及后续开发成本加计 20%；二是允许对后续开发成本加计 20%，对购买未竣工项目支付的价款不予加计。因为在项目整体转让计算转让方土地增值税时，对其扣除项目金额已按规定加计处理，所以不予重复加计扣除。后续建设支出加计扣除的处理应按照《土地增值税暂行条例》第六条及《土地增值税暂行条例实施细则》第七条相关规定执行。

我们认为两种观点都不尽合理。第一种观点存在重复扣除，即对于转让方已加计扣除的部分在受让方又扣除了一次；第二种观点存在扣除不足的问题，即实际购买价款和转让方扣除项目金额之间的差额部分，是受让方对开发产品的实际成本支出，但该部分没有能够加计扣除。以例 10-1 为例，京州融信地产收购未竣工项目实际支付款项为 1 458 239 866.66 元，易鑫地产加计扣除的计算基数为 988 951 587.81 元，二者的差额对于融信地产而言属于实际开发成本支出，但却不能加计扣除。

本书案例暂按第二种观点计算应缴纳的土地增值税。

二是接盘未竣工项目的政策适用和计税方法的选择。

对于房地产开发企业收购未竣工项目，应选择适用《房地产开发企业销售自行开发的房地产项目增值税征收管理暂行办法》（国家税务总局 2016 年第 18 号），其中第三条规定，房地产开发企业以接盘等形式购入未完工的房地产项目继续开发后，以自己的名义立项销售的，属于本办法规定的销售自行开发的房地产项目，可以选择适用简易计税方法按照 5%的征收率计税。这一点对于接盘营改增前的老项目非常重要。也就是说，房地产开发企业对于接盘的营改增前的老项目，既可以选择简易计税，也可以选择一般计税。

实务中一定要注意，房地产开发企业接盘继续开发项目不适用于《纳税人转让不动产增值税征收管理暂行办法》（国家税务总局 2016 年第 14 号）。

该办法规定，纳税人取得的不动产，包括以直接购买、接受捐赠、接受投资入股、自建以及抵债等各种形式取得的不动产。一般纳税人转让其 2016 年 5 月 1 日后取得（不含自建）的不动产，适用一般计税方法。

接盘未竣工项目选择简易计税还是一般计税，需要收购方根据后续建设支出及可能取得的进项税额来判定，并非选择简易计税就有利。

例 10-2：续前例。假设京州融信地产采用资产收购方式进行收购，取得成本为 1 458 239 866.66 元，并取得易鑫地产按 5% 税率开具的增值税专用发票，注明增值税款 72 911 993.33 元。融信地产继续投入资金开发完成后全部销售，取得销售收入 3 396 000 000 元。融信地产后续建设支出为 1 356 434 736.20 元。请分别分析以下两种情形下，如何选择计税方法。

假设 1：后续建设支出可以全部取得 9% 适用税率的增值税专用发票。

假设 2：后续假设支出有 50% 可以取得 9% 适用税率的增值税专用发票。

解析：

简易计税下应纳增值税 = 3 396 000 000 × 5% = 169 800 000（元）

一般计税下销项税额 = 3 396 000 000 × 9% = 305 640 000（元）

假设 1：全部取得增值税专用发票

应纳增值税额 = 305 640 000 - 72 911 993.33 - 1 356 434 736.20 × 9% = 110 648 880.41（元）

假设 2：有 50% 可以取得增值税专用发票

应纳增值税额 = 305 640 000 - 72 911 993.33 - 1 356 434 736.20 × 50% × 9% = 171 688 443.54（元）

从计算结果可知，不考虑其他税种税负及并购双方整体税负的情形，假设 1 下，融信地产应选择一般计税，假设 2 下，融信地产应选择简易计税。

10.2.3　收购方式的选择

从 10-1 案例可以看出，对于转让方而言，选择股权转让比资产转让更为有利，税负更低。但对于收购方而言，却未必有利。因为除承继原企业的法律风险外，如果未来所开发的产品主要用于销售，由于股权溢价不能在企业所得税前扣除（全部股权转让除外），也不能在土地增值税清算时扣除，收购方将承担更大的税负。

例10-3：续前例。假设京州融信地产取得该项目后，继续投入资金556 434 736.20元开发完毕，其中：建筑安装工程费507 600 000元，公共配套设施费28 334 736.20元，基础设施费12 000 000元，开发间接费用8 500 000元。假设取得增值税专用发票注明的进项税额为57 514 179.93元。写字楼建成后全部销售，取得销售收入3 396 000 000元。后续投入全部为自筹资金。在计算土地增值税时，房地产开发费用按"取得土地使用权所支付的金额"与"房地产开发成本金额"之和的10%以内计算扣除。

假设1：采用资产收购。取得在建工程成本1 458 239 866.66元，并取得易鑫地产按5%税率开具的增值税专用发票，注明增值税款72 911 993.33元，同时按3%缴纳契税43 747 196元。

假设2：采用股权收购。开发成本总计1 545 386 324.01元，其中：取得土地使用权支付的金额为564 060 381.14元，前期工程费25 338 621.46元，建筑安装工程费870 251 951.86元，公共配套设施费45 766 930.41元，基础设施费28 334 736.20元，开发间接费用11 633 702.94元。

请计算不同收购模式下土地增值税税负差异。

解析：

1. 方案一：资产收购

假设融信地产经测算，选择简易计税方法，取得的易鑫地产开具的增值税专用发票不能抵扣，进项税额计入开发成本。

应纳增值税额=3 396 000 000×5%＝169 800 000（元）

应纳城市维护建设税=169 800 000×7%＝11 886 000（元）

应纳教育费附加=169 800 000×3%＝5 094 000（元）

应纳地方教育费附加=169 800 000×2%＝3 396 000元

应纳土地增值税计算过程详见表10-2。

表 10-2　土地增值税纳税申报

税款所属时间：2019年5月1日至2019年5月31日　　　　　　　　填表日期：2019年6月15日

纳税人识别号：　　　　　　　　　　　　　　单位：元至角分　　　　面积单位：平方米

纳税人名称	易鑫地产	项目名称	东丽天府	项目编号	略	项目地址	略
所属行业	房地产	登记注册类型	有限责任	纳税人地址	略	邮政编码	略
开户银行	略	银行账号	略	主管部门	略	电话	略

项　目	行次	金　额
一、转让房地产收入总额　1＝2＋3＋4	1	3 396 000 000.00
其中　货币收入	2	3 396 000 000.00
实物收入及其他收入	3	
视同销售收入	4	
二、扣除项目金额合计　5＝6＋7＋14＋17＋21	5	2 318 640 213.05
1.取得土地使用权所支付的金额	6	
2.房地产开发成本　7＝8＋9＋10＋11＋12＋13	7	2 131 333 792.19
其中　土地征用及拆迁补偿费	8	
前期工程费	9	
建筑安装工程费	10	2 082 499 055.99
基础设施费	11	12 000 000.00
公共配套设施费	12	28 334 736.20
开发间接费用	13	8 500 000.00
3.房地产开发费用　14＝15＋16	14	55 643 473.62
其中　利息支出	15	
其他房地产开发费用	16	
4.与转让房地产有关的税金等　17＝18＋19＋20	17	20 376 000.00
其中　营业税	18	
城市维护建设税	19	11 886 000.00
教育费附加	20	8 490 000.00
5.财政部规定的其他扣除项目	21	111 286 947.24
三、增值额　22＝1-5	22	1 077 359 786.95
四、增值额与扣除项目金额之比（％）23＝22÷5	23	46.47%
五、适用税率（核定征收率）（％）	24	30.00%
六、速算扣除系数（％）	25	
七、应缴土地增值税税额　26＝22×24-5×25	26	323 207 936.09
八、减免税额（减免性质代码：　　　　　　）	27	
九、已缴土地增值税税额	28	
十、应补（退）土地增值税税额　29＝26-27-28	29	323 207 936.09

2. 方案二：股权收购

在股权收购模式下，标的公司仅是股东发生变化，项目仍然延续，采用简易计税方法。应纳土地增值税计算过程详见表 10-3。

表 10-3 土地增值税纳税申报

税款所属时间：2019年5月1日至2019年5月31日　　　　　　　　填表日期：2019年6月15日

纳税人识别号：　　　　　　　　　　　　　单位：元至角分　　　面积单位：平方米

纳税人名称	易鑫地产	项目名称	东丽天府	项目编号	略	项目地址	略
所属行业	房地产	登记注册类型	有限责任	纳税人地址	略	邮政编码	略
开户银行	略	银行账号	略	主管部门	略	电话	略

项　　目	行次	金　　额
一、转让房地产收入总额　1＝2+3+4	1	3 396 000 000.00
其中　货币收入	2	3 396 000 000.00
实物收入及其他收入	3	
视同销售收入	4	
二、扣除项目金额合计　5＝6+7+14+17+21	5	2 029 378 221.21
1.取得土地使用权所支付的金额	6	564 060 381.14
2.房地产开发成本　7＝8+9+10+11+12+13	7	981 325 942.87
其中　土地征用及拆迁补偿费	8	
前期工程费	9	25 338 621.46
建筑安装工程费	10	870 251 951.86
基础设施费	11	45 766 930.41
公共配套设施费	12	28 334 736.20
开发间接费用	13	11 633 702.94
3.房地产开发费用　14＝15＋16	14	154 538 632.40
其中　利息支出	15	
其他房地产开发费用	16	
4.与转让房地产有关的税金等　17＝18+19+20	17	20 376 000.00
其中　营业税	18	
城市维护建设税	19	11 886 000.00
教育费附加	20	8 490 000.00
5.财政部规定的其他扣除项目	21	309 077 264.80

项　目	行次	金　额
三、增值额　22＝1-5	22	1 366 621 778.79
四、增值额与扣除项目金额之比（%）23＝22÷5	23	67.34%
五、适用税率（核定征收率）（%）	24	40%
六、速算扣除系数（%）	25	5%
七、应缴土地增值税税额　26＝22×24-5×25	26	518 445 692.46
八、减免税额（减免性质代码：　　　）	27	
九、已缴土地增值税税额	28	
十、应补（退）土地增值税税额　29＝26-27-28	29	518 445 692.46

采用股权收购与资产收购相比，融信地产再次转让该项目时，仅土地增值税就多缴纳 195 237 756.37 元。

并购是交易双方充分博弈的一个过程，对卖方有利的税务规划，对买方未必合适。因此，实务中的税务规划需要交易双方综合考虑多种影响因素，并经过充分博弈后协商确定最佳的税务筹划方案，已实现交易双方的共赢。资产收购、股权收购模式下，交易双方涉及的税种详见表 10-4、表 10-5。

表 10-4　转让方两种交易模式下税负对比情况

资　产　收　购		股　权　收　购	
税　种	税　率	税　种	税　率
企业所得税	25%	企业所得税（法人股东）	25%
增值税	5%（简易）9%（一般）	个人所得税（自然人股东）	20%
城市维护建设税	7%（增值税额）	印花税	万分之五
教育费附加	3%（增值税额）		
地方教育费附加	2%（增值税额）		
土地增值税	30%，40%，50%，60%		
印花税	万分之五		

表 10-5　收购方两种交易模式下税负对比情况

资　产　收　购		股　权　收　购	
税　种	税　率	税　种	税　率
契税	3%（转让价）	印花税	万分之五
印花税	万分之五		

10.3 适度加大成本的税收筹划

开发建设环节是房地产开发企业成本发生的主要环节，营改增前许多房地产开发企业在本环节往往通过虚构业务、虚增成本的方式加大扣除成本。营改增后，房地产、建筑企业均纳入增值税征收范围，再通过这种方式加大扣除成本，不仅面临行政处罚，而且很有可能被追究刑事责任。因此，房地产开发企业必须高度重视营改增后的这一重大变化，通过对政策的深入研究和科学规划，合法地进行税务安排，以实现税负的最优化。

现行土地增值税实行的是四级超率累进税率：增值额未超过 50% 的部分税率为 30%；增值额超过扣除项目金额 50% 未超过项目扣除金额 100% 的税率为 40%；增值额超过扣除项目金额 100% 未超过项目扣除金额 200% 的税率为 50%；增值额超过 200% 的部分税率为 60%。

超率累进税率的特点是，当相对率超过级距点，就按高一级的税率计算征税。因此，在实务中，当增值额处于级距临界点附近时，就可以通过适度提高建造标准的方式加大扣除成本。

例 10-4：易瑾地产集团所属全资子公司易鑫地产注册资本 2 亿元，在京州市东丽区开发东丽花园洋房项目。项目销售收入 1 998 239 866.60 元。该项目取得土地使用权支付的金额为 414 060 381.14 元，前期工程费 25 338 621.46 元，建筑安装工程费 510 051 950.65 元，基础设施费 33 766 930.41 元，公共配套设施费 28 456 980.45 元，开发间接费用 3 133 702.94 元。项目所需资金，全部由集团提供。该项目为营改增前的老项目，易鑫地产选择适用简易计税方法，适用税率为 5%。计算土地增值税时，按照东丽主管税务机关的要求，凡不能按转让房地产项目计算分摊利息支出或不能提供金融机构证明的，房地产开发费用按"取得土地使用权所支付的金额"与"房地产开发成本"金额之和的 10% 以内计算扣除。请计算应交纳多少土地增值税？并请帮助进行纳税筹划。

解析：按照项目现行收入成本计算应纳土地增值税情况详见表 10-6。

表10-6 土地增值税纳税申报

税款所属时间：2019年5月1日至2019年5月31日　　　　　填表日期：2019年6月15日

纳税人识别号：　　　　　　　　　　　单位：元至角分　　　面积单位：平方米

纳税人名称	易鑫地产	项目名称	东丽天府	项目编号	略	项目地址	略
所属行业	房地产	登记注册类型	有限责任	纳税人地址	略	邮政编码	略
开户银行	略	银行账号	略	主管部门	略	电话	略

项　目	行　次	金　额
一、转让房地产收入总额　1＝2+3+4	1	1 998 239 866.60
其中　货币收入	2	1 998 239 866.60
实物收入及其他收入	3	
视同销售收入	4	
二、扣除项目金额合计　5＝6+7+14+17+21	5	1 331 240 576.37
1.取得土地使用权所支付的金额	6	414 060 381.14
2.房地产开发成本　7＝8+9+10+11+12+13	7	600 748 185.91
其中　土地征用及拆迁补偿费	8	
前期工程费	9	25 338 621.46
建筑安装工程费	10	510 051 950.65
基础设施费	11	33 766 930.41
公共配套设施费	12	28 456 980.45
开发间接费用	13	3 133 702.94
3.房地产开发费用　14＝15+16	14	101 480 856.71
其中　利息支出	15	
其他房地产开发费用	16	
4.与转让房地产有关的税金等　17＝18+19+20	17	11 989 439.20
其中　营业税	18	
城市维护建设税	19	6 993 839.53
教育费附加	20	4 995 599.67
5.财政部规定的其他扣除项目	21	202 961 713.41
三、增值额　22＝1-5	22	666 999 290.23
四、增值额与扣除项目金额之比（％）23＝22÷5	23	50.10%
五、适用税率（核定征收率）（％）	24	40.00%
六、速算扣除系数（％）	25	5%
七、应缴土地增值税税额　26＝22×24－5×25	26	246 096 697.04
八、减免税额（减免性质代码：　　　　）	27	
九、已缴土地增值税税额	28	
十、应补（退）土地增值税税额　29＝26-27-28	29	246 096 697.04

由于增值额与扣除项目金额之比为50.10%，大于50%，适用税率为40%。假如适当提高建造标准，将适用税率降为30%，就可以大幅度降低税负。

假设对本项目追加装修投资100万元，应纳土地增值税详见表10-7。

表 10-7　土地增值税纳税申报

税款所属时间：2019年5月1日至2019年5月31日　　　　　　填表日期：2019年6月15日

纳税人识别号：　　　　　　　　　　　　　单位：元至角分　　　面积单位：平方米

纳税人名称	易鑫地产	项目名称	东丽天府	项目编号	略	项目地址	略
所属行业	房地产	登记注册类型	有限责任	纳税人地址	略	邮政编码	略
开户银行	略	银行账号	略	主管部门	略	电话	略

项　目	行次	金　额
一、转让房地产收入总额　1＝2+3+4	1	1 998 239 866.60
其中　货币收入	2	1 998 239 866.60
实物收入及其他收入	3	
视同销售收入	4	
二、扣除项目金额合计　5＝6+7+14+17+21	5	1 332 540 576.37
1.取得土地使用权所支付的金额	6	414 060 381.14
2.房地产开发成本　7＝8+9+10+11+12+13	7	601 748 185.91
其中　土地征用及拆迁补偿费	8	
前期工程费	9	25 338 621.46
建筑安装工程费	10	511 051 950.65
基础设施费	11	33 766 930.41
公共配套设施费	12	28 456 980.45
开发间接费用	13	3 133 702.94
3.房地产开发费用　14＝15+16	14	101 580 856.71
其中　利息支出	15	
其他房地产开发费用	16	
4.与转让房地产有关的税金等　17＝18+19+20	17	11 989 439.20
其中　营业税	18	
城市维护建设税	19	6 993 839.53
教育费附加	20	4 995 599.67
5.财政部规定的其他扣除项目	21	203 161 713.41
三、增值额　22＝1-5	22	665 699 290.23
四、增值额与扣除项目金额之比（%）23＝22÷5	23	49.96%
五、适用税率（核定征收率）（%）	24	30.00%

项　　目	行次	金　　额
六、速算扣除系数（％）	25	
七、应缴土地增值税税额　26＝22×24-5×25	26	199 709 787.07
八、减免税额（减免性质代码：　　　　　）	27	
九、已缴土地增值税税额	28	
十、应补（退）土地增值税税额　29＝26-27-28	29	199 709 787.07

追加装修投资后比调整前节税 =246 096 697.04-199 709 787.07= 46 386 909.97（元）

10.4　争取享受税收优惠政策

房地产开发企业可以直接享受的税收优惠政策并不多，而西部大开发就是一项非常好的政策。2014年8月20日，国家发展和改革委员会公布了《西部地区鼓励类产业目录》（发改委令2014年第15号），明确西部地区鼓励类产业目录包括《产业结构调整指导目录（2011年本）（修正）》中的鼓励类产业，即"城镇园林绿化及生态小区建设"仍属于国家鼓励类产业。

对于符合生态小区建设标准的，企业所得税可以按照15%的税率征收。

以金科地产为例。该公司2015年发布的《关于获得西部大开发税收优惠确认的公告》（证券简称：金科股份，证券代码：000656，公告编号：2015-003号）如下：

2011年至2013年度，鉴于公司及部分子公司所开发的绿色生态住宅小区符合《产业结构调整指导目录（2005年本）》（发改委令2005年第40号）、《产业结构调整指导目录（2011年本）》（发改委令2011年第9号）中明确的鼓励类产业（即"城镇园林绿化及生态小区建设"），且鼓励类产业主营业务收入占年度企业收入总额的比例在70%以上，公司及相关子公司已按照《关于深入实施西部大开发战略有关企业所得税问题的公告》（国家税务总局公告2012年第

12号）的规定，暂按15%税率进行企业所得税汇算清缴。由于此间《西部地区鼓励类产业目录》尚未公布，且受国家宏观调控政策影响，是否能享受企业所得税优惠税率具有不确定性。基于谨慎性原则，公司及相关子公司2011年至2013年度财务报表均按照25%税率计提企业所得税费用。上述情况均已在公司2011年至2013年年度报告中予以披露。

2014年8月20日，国家发展和改革委员会公布了《西部地区鼓励类产业目录》（发改委令2014年第15号），明确西部地区鼓励类产业目录包括《产业结构调整指导目录（2011年本）（修正）》中的鼓励类产业，即"城镇园林绿化及生态小区建设"仍属于国家鼓励类产业。据此，公司及相关子公司向主管税务机关申请确认原已享受的企业所得税税收优惠政策。截至2015年1月9日，公司及相关子公司已陆续获得相关主管税务机关的确认，确认公司及相关子公司2011年至2013年度企业所得税减按15%的税率征收。

根据上述情况，公司及相关子公司2011年至2013年度计提的企业所得税费用44 252.58万元需在2014年度财务报表中予以冲回，减少了2014年度财务报表所得税费用，预计增加2014年度净利润44 252.58万元，具体情况以会计师年度审计确认后的结果为准。

读者意见反馈表

亲爱的读者：

感谢您对中国铁道出版社有限公司的支持，您的建议是我们不断改进工作的信息来源，您的需求是我们不断开拓创新的基础。为了更好地服务读者，出版更多的精品图书，希望您能在百忙之中抽出时间填写这份意见反馈表发给我们。随书纸制表格请在填好后剪下寄到：北京市西城区右安门西街8号中国铁道出版社有限公司大众出版中心 王佩 收（邮编：100054）。或者采用传真（010-63549458）方式发送。此外，读者也可以直接通过电子邮件把意见反馈给我们，E-mail地址是：1958793918@qq.com。我们将选出意见中肯的热心读者，赠送本社的其他图书作为奖励。同时，我们将充分考虑您的意见和建议，并尽可能地给您满意的答复。谢谢！

- -

所购书名：_____

个人资料：

姓名：_____ 性别：_____ 年龄：_____ 文化程度：_____

职业：_____ 电话：_____ E-mail：_____

通信地址：_____ 邮编：_____

- -

您是如何得知本书的：

□书店宣传 □网络宣传 □展会促销 □出版社图书目录 □老师指定 □杂志、报纸等的介绍 □别人推荐
□其他（请指明）_____

您从何处得到本书的：

□书店 □邮购 □商场、超市等卖场 □图书销售的网站 □培训学校 □其他

影响您购买本书的因素（可多选）：

□内容实用 □价格合理 □装帧设计精美 □带多媒体教学光盘 □优惠促销 □书评广告 □出版社知名度
□作者名气 □工作、生活和学习的需要 □其他

您对本书封面设计的满意程度：

□很满意 □比较满意 □一般 □不满意 □改进建议

您对本书的总体满意程度：

从文字的角度 □很满意 □比较满意 □一般 □不满意
从技术的角度 □很满意 □比较满意 □一般 □不满意

您希望书中图的比例是多少：

□少量的图片辅以大量的文字 □图文比例相当 □大量的图片辅以少量的文字

您希望本书的定价是多少：

本书最令您满意的是：

1.
2.

您在使用本书时遇到哪些困难：

1.
2.

您希望本书在哪些方面进行改进：

1.
2.

您需要购买哪些方面的图书？对我社现有图书有什么好的建议？

您更喜欢阅读哪些类型和层次的书籍（可多选）？

□入门类 □精通类 □综合类 □问答类 □图解类 □查询手册类

您在学习计算机的过程中有什么困难？

您的其他要求：